ANDREAS DROSDEK

DER
SAMURAI
FAKTOR

ANDREAS DROSDEK

DER SAMURAI FAKTOR

DURCH CHAOSMANAGEMENT AUS DER KRISE

WIRTSCHAFTSVERLAG LANGEN MÜLLER / HERBIG

© 1994 by Wirtschaftsverlag Langen Müller Herbig in
F. A. Herbig Verlagsbuchhandlung GmbH, München
Alle Rechte vorbehalten
Schutzumschlag: Atelier Adolf Bachmann, Reischach
Satz: Fotosatz Völkl, Puchheim
Druck: Jos. C. Huber KG, Dießen
Binden: Thomas Buchbinderei, Augsburg
Printed in Germany
ISBN: 3-7844-7320-2

INHALT

Zu diesem Buch 7
Eine Welt des Chaos 13
Der größte aller Samurai 19
Der Samurai-Faktor 25
Wer braucht Chaosmanagement? 31
Musashi – Ein zeitloses Phänomen 34
Die Grundlagen des Chaosmanagements 41
Basisregeln für erfolgreiches Chaosmanagement ... 47
Paradigmenwechsel: Vom strategischen Management
   zum Chaosmanagement 56
Vorbemerkungen zur praktischen Umsetzung des
   Samurai-Faktors 65
Der fünffache Weg zum Chaosmanager 69

Das Buch der Erde 73
   Programmierte Unterweisung 73
   Epilog zum Buch der Erde 100
   Konkreter Aktionsplan 110

Das Buch des Wassers 118
   Programmierte Unterweisung 118
   Epilog zum Buch des Wassers 137
   Konkreter Aktionsplan 143

Das Buch des Feuers 146
  Programmierte Unterweisung 146
  Epilog zum Buch des Feuers 182
  Konkreter Aktionsplan 183

Das Buch des Windes 187
  Programmierte Unterweisung 187
  Epilog zum Buch des Windes 199
  Konkreter Aktionsplan 200

Das Buch der Leere 203
  Programmierte Unterweisung 203
  Konkreter Aktionsplan 206

Nachwort 207

Literaturverzeichnis 209

ZU DIESEM BUCH

»Chaos ist eine Ordnung von unendlicher Komplexität. Wollte man ein chaotisches System beschreiben, so würde man eine unendliche Menge von Informationen und Einzelheiten benötigen«, schreibt David F. Peat in seinem Buch »Der Stein der Weisen«.
Während es naturwissenschaftliche Untersuchungen waren, die uns die Augen für das Chaos, das unserer Welt eigentlich zugrunde liegt, geöffnet haben, wird jeder Manager und jeder Unternehmer, der sich bewußt ist, was zur Zeit um uns im Wirtschaftsbereich geschieht, viele Gelegenheiten haben, die wirtschaftswissenschaftliche und praktische Realität des Phänomens Chaos auch in seinem Wirkungskreis stets erneut wiederzuentdecken.
Ohne Zweifel, auch im Wirtschaftsbereich wird die Chaostheorie zunehmend als zutreffende Erklärung wichtiger Phänomene erkannt.
»Capital« geht in seiner Oktoberausgabe des Jahres 1992 sogar so weit zu schreiben: »Wie kann Chaos gemanagt werden? So lautet die Kernfrage am Ende des industriellen Jahrhunderts. Wer die beste Antwort auf das Phänomen Chaos hat, wird auf turbulenten Märkten, bei immer schnelleren Techniksprüngen und weltweit zunehmenden Vernetzungen der Konkurrenz voraus sein.«
Selbst Großunternehmen fühlen sich angesichts der zunehmenden Komplexität unserer modernen global verflochtenen Welt genötigt, Wege zu mehr Flexibilität und Reaktionsschnelligkeit zu finden. (Die Erkenntnis »Wer zu spät kommt, den bestraft das Leben« ist dabei, sich auch im Wirtschaftsbereich durchzusetzen.) Die Perioden, in denen

durch plötzlich eintretende politische, gesellschaftliche und ökologische Veränderungen Marktchancen auftreten (und genauso schnell auch wieder verschwinden), werden immer kürzer und wechseln immer häufiger.
Da ist oft auch die ausgefeilteste strategische Planung nicht ausreichend. Denn Planung erfordert Zeit, meist zu viel Zeit, um Chancen zum richtigen Zeitpunkt wahrnehmen zu können.
Konsequenterweise erkennen Experten in zunehmendem Maße, daß es nicht genügt, wohlausgefeilte Systeme des strategischen Managements zu entwickeln. Je enger die zeitlichen Spielräume werden, desto wichtiger wird es, daß die verantwortlichen Manager nicht nur gute strategische Pläne entwickeln, sondern daß sie auch in der Lage sind, diese Pläne durch konsequentes, permanentes strategisches Denken und Handeln immer wieder intuitiv an die sich ständig ändernden Gegebenheiten unserer dynamischen sozialen und politischen Umwelt und die daraus resultierenden fluktuierenden Märkte anzupassen.
Managementexperten wie der Insead-Marketingdirektor Jean-Claude Larréché sprechen davon, daß Organisationen »strategisches Aerobic« betreiben sollten, um ihre unternehmerischen Reflexe so zu schulen, daß sie schnell auf Veränderungen reagieren können. Professor Schreyögg von der FU Hagen sieht die Hauptaufgabe des Managements in der Steuerung komplexer Systeme. Für ihn muß von Anfang an die Kontrolle der strategischen Planung ständig die Validität des ablaufenden Planungsprozesses selbst in Frage stellen und so frühzeitig notwendige Kurskorrekturen ermöglichen. Tom Peters fordert zur Erreichung von mehr strategischer Flexibilität einen Abbau der Hierarchien in den Unternehmen; der Daimler-Lenker Edzard Reuter fordert den Unternehmer im Unternehmen.
Aber Reuter muß gleichzeitig zugeben, daß die »mentalen Hierarchien«, die immer noch kräftig in den Köpfen der Manager alter Schule spuken, nicht leicht zu überwinden

sind. Auch IBM, ein weiterer Gigant der alten Schule, klagt über ähnliche Probleme. Daß eine Entwicklung von teilautonomen Subsystemen im Unternehmen notwendig wird, damit auch die Kolosse auf die Anforderungen des zunehmenden Chaos in der Wirtschaft reagieren können, steht mittlerweile außer Zweifel. Auf der anderen Seite zeigt sich aber gerade bei Unternehmen wie IBM, daß eine reine Aufspaltung in Teilbereiche oft nur dem Unternehmen schadet, wenn sich gleichzeitig in den Köpfen der beteiligten Manager nichts ändert. Da fangen die einzelnen Unternehmensbereiche nur damit an, sich gegenseitig Konkurrenz zu machen, da wird die gleiche starre, auf reine Besitzstandswahrung ausgerichtete Haltung nur noch verstärkt und führt letztendlich nur zu einer weiteren Schwächung der strategischen Position des Gesamtunternehmens.

Chaostauglicher wird ein Unternehmen nur dann, wenn nicht nur die starren, verhärteten Strukturen entsprechend aufgeweicht und chaosgerechter gestaltet werden, sondern auch entsprechend trainierte Manager an die entscheidenden Schlüsselstellen gesetzt werden. Reines Analysieren und Strukturverändern allein hilft da wenig. Das ist dann wie beim Fußball. Alle Erkenntnis, daß man sich in der Strategie mehr aufs Toremachen verlegen müßte, nützt wenig, und auch keine Umstellung der Mannschaft wird weiterhelfen, solange man keine Torjäger hat, die in der Lage sind, die günstigen Momente zu ergreifen und den Ball reflexartig ins gegnerische Netz zu bringen, sobald sich eine Gelegenheit dazu bietet.

Was die Unternehmen heute brauchen, sind nicht nur chaostaugliche Strukturen, sondern auch chaosfähige Manager. Gerade in diesem Bereich wurde aber durch starre Hierarchien und die Überbetonung von sklavischer Anpassung an die jeweils vorherrschende Unternehmenskultur wenig dazu beigetragen, solche unabhängigen, flexiblen und kreativen Chaosmanager zu entwickeln.

Abhilfe kommt in dieser Hinsicht aus einer vielleicht für westliche Denker unerwarteten Richtung:
In dieser Situation zunehmender chaotischer Dynamik auch im Wirtschaftsbereich bietet die Strategie-Abhandlung Miyamoto Musashis, des erfolgreichsten Samurais des 17. Jahrhunderts, wertvolle Einsichten.
Bereits Anfang der achtziger Jahre wurde sein strategisches Meisterwerk **Das Buch der fünf Ringe** als Geheimtip für Manager gehandelt. Die Japaner planten ihre Strategien treu nach Musashi, und auch in den USA (und, mit der üblichen Verspätung, in Europa) fand Musashi weite Beachtung. Dabei hat man das wahre Genie Musashis aber trotz allem unterschätzt. Erst im Hinblick auf die Chaostheorie wird deutlich, was der Samurai wirklich in seinem Werk bietet: Musashi lehrt effektives Chaosmanagement.
Dabei zeigt er nicht nur, wie man das Chaos richtig beherrscht und zu seinem eigenen Vorteil einsetzt, er weist vor allem auch den Weg, wie man persönlich zum perfekten Chaosmanager wird. Denn ob auf dem Schlachtfeld der Krieger des 17. Jahrhunderts oder auf dem Schlachtfeld der Manager der neunziger Jahre des 20. Jahrhunderts, eines bleibt gleich: Wer nicht zur richtigen Zeit angemessen agiert, der bleibt auf der Strecke.
Musashi, der zu seiner Zeit als unbesiegbar galt, hat auch gleich die Methode parat, wie man zum perfekten Chaosmanager wird: durch Absorption der richtigen Denkweise. Wer gewinnen will, muß intuitiv zu allen Zeiten das Richtige tun. Die gute Nachricht: Intuition ist trainierbar. Und Musashi zeigt Schritt für Schritt wie.
Schon Mitte der achtziger Jahre bin ich im Rahmen eines Public-Relations-Projektes während meines Studienaufenthaltes in den USA auf Musashis Konzepte gestoßen. Als ehemaligen Kampfsportler hat mich die Präzision, mit der seine Prinzipien auf moderne strategische Herausforderungen übertragbar sind, fasziniert.
Aber erst als ich durch meine naturwissenschaftlich orien-

tierte Vorbildung dazu angeregt wurde, mich auch mit der modernen Chaostheorie zu befassen, wurde mir deutlich, wie groß Musashis Genie wirklich war: Er hat nicht nur die Erkenntnisse der Chaosforschung vorweggenommen, er hat auch gleich die Patentrezepte zur Kontrolle des Chaos mitgeliefert.

In seinen fünf Büchern, die zusammen **Das Buch der fünf Ringe** ausmachen, schlägt er den Bogen vom **Buch der Erde**, das dem Strategen nahelegt, das solide Rüstzeug seines Berufs perfekt zu beherrschen, bis zum **Buch der Leere**, in dem er zeigt, wie aus dem kreativen »Nichts« – dem Losgelöstsein von aller gedanklichen Enge – die Impulse für den spontanen strategischen Sieg erwachsen.

Der Schlüssel ist dabei laut Musashi, die entscheidenden analytisch-strategischen Denk- und Verhaltensweisen nicht nur als äußere Methode zu erlernen, sondern sie durch gezielte Übungen so zu verinnerlichen, daß der Krieger oder Manager selbst zur perfekten Verkörperung richtiger Strategie wird. Erst dann ist er in der Lage, jederzeit spontan richtig zu reagieren, eine Fähigkeit, die zur Meisterung von ans Chaos grenzenden Systemen unerläßlich ist.

Musashi weiß, wovon er schreibt. Schließlich hatte er seit seinem dreizehnten Lebensjahr über sechzig Duelle mit erfahrenen Schwertkämpfern mühelos gewonnen und an zahlreichen Schlachten teilgenommen. Am Ende seiner Laufbahn als Kämpfer trat er nur noch mit Holzprügeln gegen seine mit rasiermesserscharfen Schwertern ausgestatteten Gegner an. Mit dreißig Jahren zog er sich – eine Legende bereits zu seinen Lebzeiten – vom aktiven Kampf zurück. Die nächsten zwanzig Jahre seines Lebens verbrachte er, außer mit künstlerischen Aktivitäten, vor allem damit, zu analysieren, welche Strategieprinzipien ihn unbesiegbar gemacht hatten.

Im Alter von fünfzig Jahren kam er zur vollen Erkenntnis dessen, was er als den Weg des Kriegers (oder Strategen) bezeichnete. Kurz vor seinem Tode schrieb er diese Prinzipien des Weges innerhalb weniger Tage nieder. Dabei beschrieb er nicht nur Methoden, wie man selbst in chaotischen Situationen die strategische Oberhand behält. Er zeigte auch, auf welchem Weg ein Stratege die entscheidenden Denkweisen so weit verinnerlichen kann, daß er dadurch zur echten Verkörperung perfekten Chaosmanagements wird.

Gerade in unserer Zeit, in der selbst Großunternehmen wie Daimler-Benz nach dem »Unternehmer im Unternehmen« rufen und die Managerpersönlichkeit, die schnelles, flexibles, zielsicheres Agieren verkörpert, zum gepriesenen Ideal wird, bietet Musashi jedem Manager und Unternehmer wertvolles Rüstzeug für die Auseinandersetzungen der kommenden Jahre.

In diesem Buch wollen wir uns mit dem von Musashi beschriebenen *Heihô*, dem idealen Weg des Kriegers, auseinandersetzen. Dabei werden wir nicht nur die entscheidenden Prinzipien zur Beherrschung des Chaos kennenlernen, sondern auch den Weg dazu, diese Prinzipien zu verinnerlichen.

Wir werden von Musashi lernen, welche Charakteristiken gutes Chaosmanagement auszeichnen, und auch ganz konkrete Beispiele erfahren, wie man trainieren kann, das Chaos effektiv zu beherrschen. Musashi ist in dieser Hinsicht ganz optimistisch: Chaosmanagement ist erlernbar.

Gleichzeitig ignorierte man lange Zeit Warnsignale, die andeuteten, daß eine völlige Durchordnung des Chaos letztendlich doch nicht die gewünschten Resultate erbrachte. Massenbürokratien wurden zunehmend von Leichenstarre ähnlicher Unbeweglichkeit befallen, strategische Pläne waren oft lange vor ihrer Fertigstellung bereits Makulatur. Man hätte eigentlich ahnen müssen, daß da etwas nicht stimmen konnte.

Aber erst die Naturwissenschaft, die in unserer Kultur für lange Zeit die unangefochtene Vorreiterrolle gespielt hat, brachte den Mythos von dem Ideal der Ordnung endgültig ins Wanken. Durch mehr oder weniger zufällige Forschungsergebnisse in unterschiedlichen Bereichen wurde vor einigen Jahren zunehmend deutlich, daß die Natur hinter der Fassade perfekter Ordnung nichts anderes als ein perfektes Chaos verbirgt.

Mittlerweile hat sich diese Erkenntnis, daß die meisten komplexeren Zustände nicht auf statischen, sondern auf dynamischen Systemen beruhen, auch im Managementbereich durchgesetzt.

Dynamische Systeme zeichnen sich, vor allem im Zustand der Pseudostabilität, dadurch aus, daß kleinste Veränderungen im System im Laufe der Zeit gigantische Auswirkungen nach sich ziehen können.

Chaotische Prozesse sind beständig im Fluß, und niemand kann wirklich genau vorhersagen, wohin sich dieser Fluß schließlich wenden wird.

Der Flügelschlag eines Schmetterlings, der einen verheerenden Sturm am anderen Ende des Erdballs auslösen wird, ist ein berühmtes und prägnantes Beispiel.

Jede Aktion hat Einfluß auf das Gesamtsystem. Alles, was geschieht, drückt dem Zeitstrom seinen unauslöschbaren Stempel auf. Auch kleinste Ursachen haben Wirkungen, und im Laufe der Zeit werden sie sich unweigerlich zu großen Auswirkungen aufsummieren.

Im Bereich des Marketing gibt es viele Beispiele dafür, wie

EINE WELT DES CHAOS

Die Mythologien vieler Völker beschreiben, wie am Anfang der Welt Chaos und Unordnung herrschten. Dann kam ein schöpferischer Eingriff der Götter: Aus ungeformtem, bedrohlichem Chaos wurde Struktur und Ordnung. Durch diesen Akt wurde aus einem ungeformten Nichts eine Welt, die »in Ordnung« und damit gut und richtig war.

Diese Vorstellung, daß das Chaos etwas Bedrohliches und Unheimliches sei, dem man mit möglichst viel Ordnung begegnen müsse, um Sicherheit und Stabilität zu erzeugen, hat sich seither hartnäckig bei fast allen Völkern gehalten. Den Aufstieg ganzer Nationen führte man auf das Vorhandensein von Systematik, Struktur, Ordnung und Disziplin zurück. Sobald das Chaos wieder überhandnahm, war der Untergang vorprogrammiert. Das Römische Reich wird da gerne als Paradebeispiel angeführt.

Bis vor wenigen Jahren schien unsere Wissenschaft diese These durchaus zu bestätigen. Je weiter man der Natur ihre Geheimnisse entlockte, um so mehr tat sich eine atemberaubende Vielfalt an Struktur und chaoseindämmender Ordnung auf.

Konsequenterweise wurde die Auslöschung jeglichen Chaos zu einem dominierenden Ziel vor allem unserer westlichen Zivilisation. Alles, was Unordnung bewirkte, wurde als störend und den Fortschritt gefährdend gewertet. Man unternahm alle erdenklichen Anstrengungen, solche Störfaktoren soweit wie möglich auszuschalten. Die Folgen reichten vom Aufbau gigantischer Staatsbürokratien bis hin zur Entwicklung ausgefeilter Systeme strategischen Managements.

geringfügig günstigere Anfangsbedingungen ein Produkt zum absoluten Spitzenstar hochspielen können, während gleichzeitig ein anderes Produkt vom Markt gefegt wird. Mittlerweile sind sich Experten einig, daß BETA das qualitativ höherwertige Videosystem gegenüber VHS darstellte. Weil aber zu Beginn der Konkurrenz dieser beiden Systeme einige Videoläden einige Filme mehr in VHS als in BETA führten, begannen immer mehr Kunden, sich beim Videorecorderkauf für VHS zu entscheiden. Das bewirkte wiederum, daß die Videoläden vermehrt VHS-Filme führten. In kurzer Zeit schaukelte sich die Situation so hoch, daß BETA chancenlos abgeschlagen war, während VHS zum unbesiegbaren Marktführer wurde, obwohl das System unter rein technischen Gesichtspunkten hätte verlieren müssen.

Die Aktien der Firma Motorola fielen in den USA im Februar 1993 innerhalb einer Woche um zwanzig Prozent, nachdem ein Mann in Florida bei einer bekannten CNN-Talkshow angerufen und behauptet hatte, seine Frau sei deshalb an einem Gehirntumor gestorben, weil sie häufig ein Funktelefon benutzt habe. Obwohl es keine Studien zur Richtigkeit der Aussage gab und das Unternehmen deshalb dazu keine Stellung nehmen wollte, konnte dieser eine Anruf eine solch gravierende Wirkung ausüben. Kein Stratege im Firmenhauptquartier und kein Analyst der Börse hätte das ernsthaft voraussehen können.

Die Lehren solcher Vorkommnisse für moderne Unternehmen sind deutlich: Wer die Bedeutung der richtigen Anfangsbedingungen ignoriert, gerät durch den darauffolgenden chaotischen Prozeß oft ins Wanken.

Die tatsächlichen Konsequenzen dieser Gegebenheiten wurden aber kaum wirklich bedacht, erst recht nicht als wichtiger Faktor unserer Weltsicht in unser tägliches Denken und Handeln integriert. Ein einfaches Beispiel stellt da die berühmte Furcht der Manager vor dem Herztod da. Sicherlich wünscht sich jeder Manager, daß sein Herzschlag absolut regelmäßig sei, um Herzprobleme zu vermeiden.

Unser Herz schlägt aber nur zu ganz bestimmten Zeiten fast so regelmäßig wie ein Uhrwerk: nämlich dann, wenn ein Herzstillstand unmittelbar bevorsteht. Zu allen anderen Zeiten ist unser Herz statt dessen munter dabei, so daraufloszuschlagen, daß, wenn man die Abfolge der Schläge mit medizinischen Geräten aufzeichnet und wissenschaftlich analysiert, der Fachmann zu dem Schluß kommen muß, daß Chaos in unserem Herzen herrscht. Natürlich wird zu viel Chaos im Herzen wiederum zu anderen Problemen unter dem Stichwort Herzrhythmusstörungen führen. Der Herzschlag eines gesunden Herzens ist aber zumindest so unregelmäßig, daß niemand voraussagen kann, in welchem exakten Abstand der nächste Herzschlag erfolgen wird. Dieses Beispiel aus dem eigenen Leben zeigt uns, daß eine völlig mechanische, sterile Ordnung genauso tödlich sein kann wie ein völlig außer Kontrolle geratener chaotischer Zustand.

Die Erkenntnis, daß im Grunde fast allen Prozessen unseres Alltags die Chaosregeln offener dynamischer Systeme zugrunde liegen, mag sich nur langsam durchsetzen. Ihre Brisanz wird aber auch im Management ungewöhnliche Umdenkprozesse mit sich bringen.

Wo früher der Schwerpunkt auf Struktur, Ordnung, Berechenbarkeit von Vorgängen lag, identifiziert man jetzt zunehmend beständige Flüsse von Ereignissen, endlose Prozesse und offene Zukünfte. Über kurz oder lang werden diese neuen Fakten und die darauf fußenden Theorien unsere Sichtweise unseres Lebens grundlegend verändern.

Diese neue Sichtweise entspricht aber, wie viele naturwissenschaftliche und zunehmend auch sozial- und wirtschaftswissenschaftliche Untersuchungen belegen, mehr unserer wahren Umwelt, als dies die alten Dogmen von Ordnung und System taten.

Natürlich werden manche argumentieren, daß wir in der Tat mit unseren alten starren Systemen und Theorien bisher auch im Wirtschaftsbereich ganz gut gefahren sind, aber

ähnliche Argumente haben sicher auch einmal in der Menschheitsgeschichte Schamanen vorgebracht, als man sich plötzlich weigerte, die Welt nach guten und bösen Geistern zu ordnen. Und ähnlich haben die Theologen des Mittelalters argumentiert, die damit fehlerhafte Theorien von Aristoteles und Ptolemäus am Leben erhalten wollten.
Die einfache Wahrheit ist: In isolierten Pioniermärkten ist der Markt sehr nachsichtig. Als Ford sein Model T als erste weltweite Massenproduktion vom neuerfundenen Fließband laufen ließ, da konnte er sich noch so manchen Schnitzer erlauben. Heute aber haben wir gesättigte Märkte bei weltweiter Verflechtung und Vernetzung, abgebauten Handelsschranken und nahezu ausgereizten konventionellen Marketing- und Vertriebssystemen.
Da wird der Spielraum für realitätsfernes Verhalten plötzlich beängstigend eng. Dadurch werden Unternehmen gezwungen, der Realität mehr als je zuvor ins Auge zu sehen. Und diese Realität heißt unzweifelhaft: Nach wie vor regiert das Chaos – und nur wer schnellstens lernt, das Chaos zu beherrschen und für seine eigenen Ziele einzusetzen, hat eine reale Chance zum Überleben.
Die globalen Wirtschaftsräume werden immer unkalkulierbarer. Alte Märkte verschwinden in rapider Folge, und neue Möglichkeiten tauchen mit gleicher atemberaubender Geschwindigkeit auf. Die unterschiedlichen Verbrauchermärkte verlieren zunehmend an Stabilität. Alte, liebgewonnene Strukturen geraten ins Wanken.
Selbst jahrzehntealte Giganten wie Mercedes-Benz oder IBM geraten da plötzlich ins Schleudern. Auf einmal spricht man von frühzeitigen Pensionierungen, Entlassungen und Kurzarbeit.
Für alle, die sich von diesen neuen Erkenntnissen über die Realität unserer Welt bedroht fühlen, gibt es aber Trost: Auch die römische Zivilisation galt als das Nonplusultra. Konsequenterweise wurde der Untergang des Römischen Reiches als große Katastrophe für die Weltgemeinschaft

eingestuft. Nachträglich hat sich diese negative Sicht aber als ungerechtfertigt erwiesen. Die Zivilisation, die aus den Trümmern des Römischen Reiches entstand, war letztendlich weniger barbarisch und hat zu weiter gehenden Fortschritten geführt als ihr großes Vorbild. Dementsprechend sollte uns das allmähliche Abdanken der alten Strukturen und alten Methoden unserer Weltwirtschaft nicht beunruhigen. Irrtümer offenbart zu bekommen mag schmerzlich sein, das Endprodukt, falls wir uns der Herausforderung mit Mut und Weisheit stellen, wird aber mit großer Wahrscheinlichkeit wesentlich besser und positiver sein als die Denk- und Verhaltensweisen, die wir zurücklassen.

DER GRÖSSTE ALLER SAMURAI

Mögest du in interessanten Zeiten leben.
Chinesisches Fluchwort

Die Japaner verehren ihn. Sein bahnbrechendes Werk ist praktisch die Bibel der japanischen Schwertkunst. Unzählige Manager haben im Land der aufgehenden Sonne ihre strategischen Pläne nach seinen Anleitungen gestrickt. Im Westen haben zuerst amerikanische, dann aber auch europäische Firmen Miyamoto Musashi, den größten Samurai des 17. Jahrhunderts, als den großen Strategen akzeptiert und sich an seinen Rat gehalten.

Aber erst wenn man Musashis Leistungen im Gesamtkontext betrachtet, kommt sein Genie wirklich zum Tragen. Er war nicht nur ein erfolgreicher Krieger innerhalb seiner eigenen Kultur zu einer bestimmten Zeit, er war zudem auch eine der herausragenden Persönlichkeiten der Weltgeschichte. Dies vor allem dann, wenn wir die Weltgeschichte nicht lediglich als ein verwobenes Netz aus Machtpolitik und menschlichem Ehrgeiz verstehen, sondern als Ideengeschichte, als einen steinigen Weg von Irrtümern hin zur letztendlichen Wahrheit.

Dies ist besonders relevant in unserer modernen Zeit, wo viele althergebrachte Vorstellungen plötzlich genauso ins Wanken geraten, wie viele Ideen aus dem Mittelalter in der Renaissance in Frage gestellt wurden.

Musashi ist deshalb nicht nur von historischer Bedeutung. Im Laufe seines Lebens hat er wichtige Erkenntnisse gewonnen, die für alle Strategen zu allen Zeiten von Bedeutung sind.

Basierend auf unseren modernen Gegebenheiten, wollen wir uns deshalb Musashi sowohl als historisches als auch als zeitloses Phänomen ansehen.

In diesem Sinne werden wir uns mit Miyamoto Musashi als einem Mann befassen, der inmitten des Chaos einen Weg fand, der ihn zu nationalem Ruhm führte und der trotzdem bisher in seiner vollen Tragweite nicht verstanden wurde und vielleicht auch erst heute, im Zeitalter der Chaostheorie, verstanden werden kann.

Im 17. Jahrhundert erlebte Japan eine Zeit, in der das soziale Gefüge zu einem gewissen Grad aus den Fugen geriet. Die altehrwürdigen Samurai, die als die führenden Krieger ihren Herren bisher loyal gedient hatten, sahen sich nach der Entmachtung eines Teils des Adels plötzlich vor dem Nichts. Ihrer sicheren Stellung beraubt, mußten sie nun im Lande umherziehen und eine neue Verwendung für ihre Dienste finden. In dieser Zeit entwickelte Miyamoto Musashi als junger Mann ein strategisches Trainingssystem, das ihn zu seiner Zeit unbesiegbar machte.

Noch heute schwören japanische Manager auf das strategische Genie dieses jungen Kriegers und suchen seine Thesen, die er Jahre später, kurz vor seinem Tod, niederschrieb, bei ihren Managemententscheidungen umzusetzen.

Was ihnen aber (in Anbetracht ihrer momentanen Wirtschaftslage) anscheinend entgangen ist, ist der wahre Kern der Lehren dieses strategischen Genies. Von Zen bis Schwertkunst und strategischen Theorien des 17. Jahrhunderts hat man alle kulturellen Register gezogen, um Musashi erfassen zu können. Was dabei aber übersehen wurde, war die Tatsache, daß Tausende von Samurai zu seiner Zeit Zen praktizierten, und alle befaßten sich mit der traditionellen Schwertkunst. Musashi allein aber wurde durch sein eigenes Programm unschlagbar.

Erst die Erkenntnisse der Chaostheorie zeigen, warum ihm dies möglich war: In seinem eigenen kulturellen Kontext hat er ein System entwickelt, das es ihm ermöglichte, das

Chaos, dem er täglich begegnete, zu meistern und zu kontrollieren. Und darin liegt die wahre Bedeutung seiner Lehren: Er hatte intuitiv erfaßt, daß die wahre Herausforderung für jeden Strategen darin liegt, das scheinbar unberechenbare Chaos in den Griff zu bekommen. Wie er es schaffte, diese Erkenntnis in effektive Maßnahmen umzusetzen, ist eine spannende Geschichte, die jedem von uns bei näherem Befassen mit Musashi nicht nur helfen wird, ein effektiverer Manager und Unternehmer zu werden, sondern auch, unser gesamtes Leben zielbewußter auszurichten und letztendlich nicht nur im professionellen Bereich, sondern auch allgemein ein effektiverer Mensch zu werden, der damit etwas zur Verringerung des Chaos beiträgt, das unsere moderne Welt in zunehmendem Maße in alle Bereiche des sozialen und individuellen Lebens trägt.

In diesem Buch wollen wir uns daher mit den Lehren Miyamoto Musashis auseinandersetzen und sehen, wie wir durch ihre Umsetzung im eigenen Leben und bei der eigenen Arbeit zu erfolgreichen Chaosmanagern werden können.

Der Text ist dabei absichtlich einfach geschrieben. Es geht hier nicht um hochkomplexe theoretische Konstrukte, sondern um praktische Anleitung für die tägliche strategische Arbeit. Sie selbst sind dabei der beste Kritiker: Wenn das, was Musashi zu bieten hat, Ihnen bei der Arbeit und bei der Bewältigung unterschiedlicher Herausforderungen Ihres persönlichen Lebens hilft und dieses Buch der Mittler dabei sein durfte, dann hat es seinen Zweck erfüllt. Aus dem gleichen Grund werden wichtige Konzepte auch in unterschiedlichem Kontext oft wiederholt: Dadurch, daß unser Gehirn grundlegende Einsichten in unterschiedlichen Zusammenhängen aufnimmt, wird deren Gehalt verfestigt und kann leichter zu einem integralen Bestandteil unserer Denkweise werden. Wiederholung ist da in der Tat die beste Übung.

Musashi ist in der Lage, entscheidende Trainingsprinzipien für Chaosmanager zu liefern. Schließlich sind eine Schlacht, bei der feindliche Armeen aufeinandertreffen, oder ein

Zweikampf, bei dem sich die Gegner mit rasiermesserscharfen Klingen gegenüberstehen und genau wissen, daß nur derjenige lebend vom Feld gehen wird, der es schafft, seinen Gegner zuerst mit einem vernichtenden Schlag niederzustrecken, Idealbeispiele für chaotische Zustände.
Musashi hat sich in solchen Situationen nicht nur erfolgreich durchgemogelt. Sowohl ihm als auch anderen war dabei klar, daß er nicht einfach nur etwas geschickter als seine Gegner sein konnte. Unbewußt hatte er einen Weg entdeckt, diese hochbrisanten chaotischen Situationen seinem eigenen Willen zu unterwerfen.
Nach über zwanzigjährigem Studium seines eigenen Weges begann er dann die Quelle seines erstaunlichen Erfolges deutlich zu verstehen: Durch richtiges Trainieren war er zur leibhaftigen Verkörperung perfekter Strategie geworden. Danach konnte er das Chaos nach Belieben seinem Willen unterwerfen. Er war von nun an immer in der Lage, die Anfangsbedingungen so zu beeinflussen, daß er einfach gewinnen mußte. Er brauchte nur noch sich selbst in jeden Kampf einzubringen, um mit absoluter Sicherheit siegreich daraus hervorzugehen.
Die japanischen Manager, die die Tradition der Samurai aufrechterhalten und vor allem Musashi, den größten aller Samurai, zu ihrem Leitbild machten, haben unzweifelhaft große Erfolge erzielt.
Aber Musashi war in seinem Herzen nicht nur Japaner. Seine wahre Botschaft, die wirkliche Botschaft, die er der Nachwelt vermachte, war weder auf eine bestimmte Nation noch auf eine bestimmte Zeit oder auf eine bestimmte strategische Disziplin beschränkt.
Musashi selbst führt aus, daß sein Weg für alle Dinge zu allen Zeiten von Nutzen ist. Er hat das Geheimnis zur Beherrschung des Chaos entdeckt und zu seiner Zeit in seinem eigenen Bereich in unschlagbarer Weise angewandt.
Wenn wir auf seine Botschaft hören und sie in unserem Leben verwirklichen, dann können wir damit genauso un-

besiegbar werden, egal ob wir einen militärischen Angriff vorbereiten oder ein Unternehmen erfolgreich führen sollen.
Dies ist der wahre Wert von Musashis Lehren: Sie enthalten einen wichtigen Schlüssel für die unterschiedlichsten Arten strategischer Herausforderungen.
Musashi selbst sagt deutlich, daß er zwar alle relevanten Quellen gelesen hat, aber keiner gefolgt ist. Wir haben Musashis eigenes Wort, wenn wir versuchen, ihn von dieser Warte aus zu sehen. Er selbst hat in seinem Vorwort zum **Buch der fünf Ringe** betont, daß er ein Geheimnis gelüftet hat, dessen Enthüllung in keinem der ihm bekannten Wege vorweggenommen worden war:

Seitdem (seit er die Wahrheit selbst erkannte und seinen eigenen Erfolg verstehen lernte) lebe ich in dem Bewußtsein, keinem bestimmten Weg mehr folgen zu müssen. Statt dessen wende ich die Prinzipien des *Heihô* (des Weges des Kriegers oder Strategen) auf die unterschiedlichsten Künste und Fertigkeiten an. Ich brauche so keinen Lehrer oder Meister mehr. Auch beim Schreiben dieses Buches war ich weder auf das Gesetz Buddhas noch die Lehren des Konfuzius, noch alte Kriegschroniken oder militärtaktische Bücher angewiesen.

Wer Musashi von der Schwertkunst her verstehen will, vergißt, daß es die Schwertkunst ja auch bei den Männern gab, die er so leicht besiegte. Wer glaubt, die Philosophie des Zen habe Musashis Erfolg ausgemacht, übersieht, daß es ja viele andere Anhänger des Zen gab, die aber nicht den gleichen Erfolg wie Musashi hatten.
Statt Musashi als Kind seiner Zeit zu lesen, müssen wir ihn als eines der wenigen Individuen verstehen, die es geschafft haben, weit über ihre eigene Zeit, ihre begrenzte Welt hinauszuwachsen und etwas von universeller Bedeutung zu schaffen.

Musashis Prinzipien gelten für alle Menschen, zu allen Zeiten und unabhängig von ihren jeweiligen Beschäftigungen. Seine Prinzipien sind Regeln für eine erfolgreiche Lebensstrategie. Wer Musashi auf dieser tiefen Ebene versteht, der wird aus seinem Werk eine Weisheit gewinnen, die alles, was ein oberflächliches Lesen bisher hervorgebracht hat, weit in den Schatten stellt.

DER SAMURAI-FAKTOR

Im Bereich der Unternehmensorganisation haben Konzepte, die direkt oder indirekt auf Erkenntnissen der Chaostheorie basieren, längst Einzug gehalten. Zumindest in der Theorie bestreitet heute kaum ein namhafter Experte mehr, daß selbst Großkonzerne in der Tat flachere Hierarchien und kleinere Subeinheiten mit mehr Eigenständigkeit und großem Entscheidungsspielraum brauchen. Der Thyssen-Chef Dieter H. Vogel spricht da von mittelständischem Denken. In ähnlicher Weise äußert sich auch Tom Peters. Für ihn ist der deutsche Mittelstand ein Modell für die Weltwirtschaft.

Scheinbar ist das Problem, wie dem Chaos begegnet werden soll, damit gelöst. Fast alle Topmanager und die führenden Managementtheoretiker sind sich über die neuen Zielvorgaben einig. Das wirkliche Problem liegt aber darin, wer denn diese neuen Manager sein sollen, die sich in solch idealer Weise mit dem Chaos auseinandersetzen können. Woher sollen die Unternehmen sie in solch großer Zahl nehmen? Was soll mit denjenigen geschehen, die bereits im Mittelmanagement sitzen? Sicherlich haben sie in diesen Positionen mit oft fester Einbindung in starre Hierarchiestrukturen nicht die Fähigkeiten erlernt, die ihre Aussichten auf Erfolg in neuen unabhängigen Profit-Centern auch nur im guten Mittelfeld ansiedeln. Auf der anderen Seite, was helfen denn neue Strukturen, wenn dem Unternehmen die Führungskräfte fehlen, die diese Strukturen durch ihre Fähigkeiten und ihre Persönlichkeit mit der erforderlichen unternehmerischen Schlagkraft füllen könnten. Ohne fähige Chaosmanager sind auch chaosgerechte Strukturen nichts

als leere Hülsen. Und einfach solche besseren Hülsen zu definieren und hierarchisch sinnvoller in die Unternehmensgesamtstruktur einzubinden, wird da auf lange Sicht nicht wirklich weiterhelfen. Die Grundfrage ist also, woher soll man die Vielzahl an Chaosmanagern nehmen, die in Zukunft diese neuen Unternehmenseinheiten leiten sollen?
Die wesentlichen Aspekte von Musashis Lehren sind genau die Antworten, die die Wirtschaft heute braucht, um sich auf die Anforderungen der Zukunft einzustellen. Dies ist auch nicht zufällig so: Der Kampf stellte schon immer eine hohe Form des Chaos dar. Kleinste Veränderungen konnten riesige Auswirkungen nach sich ziehen. Als sich die Flotten der Amerikaner und Japaner im Zweiten Weltkrieg auf eine Entscheidungsschlacht vorbereiteten, blieb ausgerechnet das Aufklärungsflugzeug der Japaner, das den Sektor, in dem sich die amerikanischen Schiffe befanden, absuchen sollte, wegen Motorschadens an Deck des Flugzeugträgers. Experten vermuten, daß dieser unerwartete logistische Vorteil für die Amerikaner ihnen genug Überraschungselemente verschaffte, daß sie die überlegene japanische Flotte vernichtend schlagen konnten. Als Konsequenz dieser Schlacht war Japan praktisch besiegt. Auch ohne Atombombenabwurf hätten die USA den Krieg mit ziemlicher Sicherheit gewonnen.
Tiefer Nebel und schlechtes Wetter erlaubten es den Engländern im Zweiten Weltkrieg, ihre Truppen ohne nennenswerte Verluste aus dem eingeschlossenen Dünkirchen abzuziehen. Viele Experten sehen darin einen entscheidenden Wendepunkt für den Verlauf des Krieges in Europa.
In der Weltwirtschaft bestanden Zusammenhänge bisher immer noch auf einer relativ niedrigen Chaosebene. Als Ford sein Model T produzierte, konnte kaum etwas seinen Erfolg erschüttern, da es keine nennenswerte Konkurrenz gab. Heute sieht die Situation aber völlig anders aus. Je mehr sich die Weltwirtschaft in ihren strategischen Herausforderungen auf eine Komplexitätsebene zubewegt, die in

ihren Anforderungen durchaus den Situationen in bewaffneten Konflikten entspricht, desto wichtiger werden auch die Erkenntnisse genialer Chaosstrategen wie Musashi. Was Musashi der Wirtschaft zu bieten hat, ist der Samurai-Faktor. Dieser Faktor, umgesetzt auf die unternehmerische Ebene, wird den entscheidenden Beitrag zum Erfolg der neuen Konzepte leisten. Was der Samurai als Militärstratege im feudalen Japan war, wird in der Zukunft der Chaosmanager sein müssen, der diese neu propagierten kleinen, unabhängigen Unternehmenseinheiten leitet.

Musashis Lehre zeichnet sich durch folgende Aspekte als ideal für das Training von Chaosmanagern aus:

1. *Musashi geht von einem kaum planbaren Zustand aus.* Natürlich werden vor einer Schlacht die strategischen Pläne im groben festgelegt. Wenn der Kampf aber losbricht, wenn die Armeen dann tatsächlich in den Zustand des Chaos eintreten (was ja gerade nicht bedeutet, daß alles kreuz und quer durcheinanderläuft, sondern nur, daß plötzlich ein labiler Zustand entstanden ist, eine Situation, wo Sieg und Niederlage plötzlich eng beieinander liegen können, wo kleinste Unterschiede in der Ausgangssituation oder im Verlauf in kürzester Zeit zu gigantischen Auswirkungen auf den Gesamtverlauf des Systems »Schlacht« führen können), dann kann nur vor Ort spontan und intuitiv von den Führern kleiner Einheiten der Fortgang der Ereignisse gemanagt werden. In der Schlacht, falls man sie gewinnen wollte, konnte man noch nie anders verfahren. Eine Armee, deren Offiziere nicht in der Lage waren, im Ernstfall selbständig die richtigen Entscheidungen zu treffen, war hoffnungslos im Nachteil. In Zukunft wird dies mit Sicherheit auch jedes Unternehmen sein, das nicht gleichzeitig die entsprechende chaosgerechte Organisationsform *und* die für diese Organisation geeigneten Manager hat.

2. *Musashi war einzigartig.* Zu seiner Zeit gab es Tausende von Samurai in den Diensten der unterschiedlichen Kriegsherren. Was Musashi auszeichnete, war, daß er allein von al-

len buchstäblich unschlagbar war. Deshalb ist es auch ratsam, nicht einfach nur von irgendeinem Samurai oder von irgendeinem Militärstrategen zu lernen. Wer von einem lernen will, der auf seinem Gebiet perfekte Chaoskontrolle beherrschte, der ist mit Musashi gut bedient. Zudem war Musashi ein Ronin, ein unabhängiger Samurai, der meist in keinen festen Diensten stand. Er mußte lernen, seine Fähigkeiten eigenverantwortlich zu entwickeln und sie auch eigenverantwortlich im Dienste seines jeweiligen Herrn einzusetzen. Und er war fest davon überzeugt, daß sein System, seine Lehren weit über das hinausgingen, was die anderen Schulen zu bieten hatten.

3. *Die Samurai selbst waren einzigartig in ihrer Stellung.* Auf jedem Samurai lastete große Verantwortung. Jeder Samurai hatte zum Beispiel das Recht, jeden Angehörigen einer anderen Klasse (außer der des Adels) jederzeit zu töten. Diese Macht wurde ihnen in dem Bewußtsein übertragen, daß sie verantwortungsvoll damit umgehen würden. Jeder Samurai war zudem ständig mit Training befaßt. Training ist das zentrale Anliegen von Musashis Lehren. Viele japanische Manager verstehen sich deshalb auch heute noch als moderne Samurai.

4. *Musashis Training hängt nicht von den jeweiligen Talenten des einzelnen Strategen ab. Jeder* kann gemäß der Methode von Musashi trainieren und sich zum effektiven Chaosmanager weiterbilden. Der Grund liegt darin, daß Musashi eine Veränderung der Sichtweise und der Arbeitsweise bei seinem Schüler erreichen will. Völlig neue Denk- und Verhaltensmuster werden eintrainiert. Deshalb ist die Effektivität dieser Trainingsmethode auch nicht von der mentalen Ausgangssituation des Trainierenden abhängig. Das einzige, was erforderlich ist, ist die Erkenntnis, daß die Herausforderungen der Zukunft einen neuen Typus von Manager erfordern. Wenn der Schwerpunkt auf den Prozeß verlagert wird, dann ist es der menschliche Faktor, der Manager selbst, der für den Erfolg der Prozesse verantwortlich ist.

Die Strukturen werden mit Hilfe von Experten schnell in Hinsicht auf das Chaos optimiert sein, die entsprechende Heranbildung von Chaosmanagern wird jedoch der entscheidende Erfolgsfaktor werden. Nur Manager und Struktur zusammen können eine erfolgreiche Einheit bilden. Die neuen Denk- und Verhaltensweisen müssen als Trainingsziel erkannt werden. Wer immer sich dann diesem Training unterzieht, wird je nach persönlichem Einsatz über kurz oder lang als Chaosmanager erfolgreich werden können.
5. *Musashi betont die persönliche Entwicklung.* Der Chaosmanager hat das Ziel, sich selbst ständig zu verbessern. Andere mit hohen Fähigkeiten auf seinem Gebiet respektiert er, selbst wenn sie von der Konkurrenz kommen. Damit wird der Nährboden für ein Netzwerk an kompetenten Chaosmanagern geschaffen, das im Extremfall nicht nur unternehmensintern, sondern auch unternehmensübergreifend aktiv werden kann. Die Konsequenzen werden fruchtbare und ständig wechselnde strategische Allianzen und eine engere globale Kooperation aller Wirtschaftszweige sein. Ein solches Netzwerk kann das Fundament für eine Stabilisierung und Effektivitätssteigerung der Weltwirtschaft bilden. Wenn Tom Peters zum Beispiel von Mikro-Nischen-Marketing mit hoher Spezialisierung und totaler Exportausrichtung spricht, dann hat er bereits die Vision einer Wirtschaft, in der weltweite kooperative Vernetzung möglich wird und ein oft unsinniger Kapazitätenverlust durch unnötige Konkurrenz vermieden wird. Wie Musashi am Ende seines Buches zeigt, ist der Chaosmanager mehr damit beschäftigt, Vertreter anderer Schulen und verkrusteter Systeme zu bekämpfen und zu besiegen. Mit anderen Chaosmanagern kann er statt dessen eine sinnvolle und fruchtbare Kooperation aufbauen. Der Kampf geht also im Grunde nicht gegen Konkurrenten, sondern gegen Denkstrukturen, die nicht chaosgerecht sind.
Musashi bietet daher Unternehmen die unverhoffte Chance, beides zu erreichen: chaosgerechte Strukturen zu erkennen

und zu schaffen und das Personal, die führenden Mitarbeiter, die diese Strukturen aktiv beleben müssen, so zu schulen, daß sie zu fähigen Chaosmanagern werden.

WER BRAUCHT CHAOSMANAGEMENT?

Wir leben in einer Welt, die in ihrer tieferen Struktur vom Chaos beherrscht wird. Entsprechend wichtig ist es auch für jeden von uns, die Beherrschung des Chaos zu erlernen.
Musashi ist dabei völlig optimistisch. In seinen Augen ist der Geist immer der Materie überlegen. Wer geistig unbesiegbar ist, der kann auch physisch nicht besiegt werden.
Für alle, die keine Topmanager oder ranghohe Beamte und Politiker mit strategischer Verantwortung sind, bleibt trotzdem die Frage: Wie kann man seine eigenen Ideen und Vorstellungen auch gegen Widerstände durchsetzen?
Vor allem in Großkonzernen stellt sich nicht nur die Frage, wer die besseren Ideen hat, sondern auch bzw. vor allem, wer besser in der Lage ist, seine Ideen auch durchzusetzen. Der Organisationspsychologe Professor Oswald Neuberger spricht in dem Zusammenhang von der »Unterwelt der Organisation«. Dort herrscht das Political Management, das nach den bekannten Prinzipien von Power and Balance funktioniert. Machtkämpfe wurden lange Zeit nur als Störfaktoren verstanden, aber »jede größere Organisation funktioniert überhaupt nur, weil es diese Dynamik gibt. Die wächst nämlich nicht aus Sachaufgaben, sondern aus den Egoismen und Rivalitäten der Leute« (siehe »Machtbeben«, !Forbes 2/1992).
Solche Formulierungen mögen überspitzt klingen, aber wer die Praxis in den Unternehmen kennt, dem wird sicherlich schnell bewußt, daß es durchaus von ungewöhnlicher Naivität zeugt, zu glauben, die eigenen Ideen würden sich allein

schon dann durchsetzen, wenn sie nur besser als die der anderen sind.
Viele junge Entrepreneurpersönlichkeiten weichen deshalb mittlerweile dem Problem der internen Durchsetzung eigener Ideen in Konzernen dadurch aus, daß sie sich von Anfang an selbständig machen. Gerade dann ist natürlich Musashi für die tägliche Arbeit von Bedeutung.
Aber auch die anderen jungen Wirtschaftswissenschaftler und Manager, die sich in den Dschungel der Konzerne begeben, brauchen von Anfang an die Lehren Musashis, wenn sie sich in einem komplexen System voller ungeahnter Gefahren und Widerstände erfolgreich schlagen wollen.
Selbst mit ihren besten Ideen werden sie nämlich leicht auf Widerstand stoßen. Es ist schließlich altbekannt, daß in praktisch allen größeren Systemen Menschen (oft sogar in Schlüsselpositionen) sitzen, die es sich mittlerweile sehr bequem gemacht haben. Nach dem berühmten Peter-Prinzip werden Menschen meist so lange befördert, bis sie eine Position erreicht haben, der sie nicht mehr wirklich gewachsen sind. Danach sind viele dieser Alteingesessenen hauptsächlich damit beschäftigt, ihre eigene Machtposition zu zementieren. Dabei spielt es nur eine untergeordnete Rolle, ob die Ideen neuer Mitarbeiter tatsächlich dem Wohl der Firma dienen würden. Alles, was die eigene Machtposition gefährdet, wird sowieso mehr oder weniger instinktiv sofort abgelehnt und zumindest unterschwellig bekämpft. Aber auch jüngere Kollegen sind da oft nicht zimperlich.
Mittlerweile hat sich im Bereich der Managementethik herumgesprochen, daß viele Angestellte und Führungskräfte, egal auf welcher Ebene sie sich gerade befinden mögen, bei der Beratung der Führung und bei eigenen Entscheidungen oft mehr an das eigene Wohl und Weiterkommen als an den Nutzen der jeweiligen Firma oder Organisation denken. Zum Beispiel werden manchmal bestimmte technische Systeme oder Managementmethoden nicht deshalb empfohlen, weil sie tatsächlich objektiv gesehen die beste Lösung für das

anstehende Problem darstellen, sondern weil der jeweilige Ratgeber oder Entscheidungsträger damit besser vertraut ist, so daß deren Anschaffung oder Einführung ihm einen betriebsinternen »Wettbewerbsvorteil« verschafft.

Jeder Jungmanager wird sich über kurz oder lang mit solchen fest etablierten »Mitarbeitern« auseinanderzusetzen haben. Auch in solchen Situationen sind die Ratschläge Musashis wertvoll.

Jedem, der Ideen, Wege und Produkte ernsthaft auch gegen Widerstände durchsetzen möchte, sei deshalb das Training nahegelegt, das Musashi dem angehenden Strategen angedeihen lassen möchte.

MUSASHI – EIN ZEITLOSES PHÄNOMEN

Das Japan zur Zeit Musashis war von der Kriegerkaste geprägt. Deshalb ist es auch nicht verwunderlich, daß Musashi sein strategisches Genie vor allem auf die Kampfkunst anwandte. In diesem Zusammenhang besteht natürlich die Gefahr, daß man Musashi lediglich als einen Krieger seiner Zeit versteht. Damit würde man aber dem strategischen Genie Musashis in keiner Weise gerecht werden. Zudem stellte die Teilnahme am Kampf für Musashi auch nur einen Teil seines Lebens dar. Bereits mit dreißig Jahren zog er sich – mit dem Ruf, unbesiegbar zu sein – vom aktiven Kampfgeschehen zurück. Diese Entscheidung des unbesiegbaren Musashi zeigt deutlich: Bereits in diesem Alter ließ er seine eigene destruktive Phase hinter sich und widmete sich konstruktiveren Aspekten seines Weges. Für Musashi stellte der Sieg über konkrete Gegner nur einen der ersten Schritte auf seinem langen Weg des Strebens nach persönlicher Vervollkommnung dar.

Musashi verstand, daß jeder wahre Chaosmanager, unabhängig davon, in welcher Kultur und zu welcher Zeit er lebt, die Begrenzungen seiner Zivilisation und seiner Persönlichkeit überwinden muß, wenn er tatsächlich völlig neue Maßstäbe in seinem Tätigkeitsbereich setzen will. Musashi war unter anderem deshalb genial, weil er diese Zusammenhänge verstand.

Dabei erkannte er auch an, daß jeder Stratege und Chaosmanager einen persönlichen Wachstumsprozeß durchlaufen muß, in dessen Verlauf ihm diese Zusammenhänge immer klarer werden. Nach Musashis eigener Aussage bietet sein

Buch deshalb wichtige Erkenntnisse sowohl für Anfänger als auch für Fortgeschrittene. Wer immer sein Buch nutzt, wird sich auf unterschiedlichen Ebenen bewegen, die vor allem davon abhängen, auf welcher Ebene sich der einzelne Anwender selbst befindet.

Dabei bringt Musashi Aspekte ins Spiel, die oft ignoriert werden, die aber trotzdem eine entscheidende Rolle spielen: Sendungsbewußtsein, Integrität, Begeisterung, Idealismus. All das sind Aspekte, die kaum aufgrund wissenschaftlicher Prinzipien gemessen werden können. Gleichzeitig werden sie aber in zunehmendem Maße als ausschlaggebend für echten Unternehmenserfolg gewertet.

In diesem Sinne des Strebens nach Selbstvervollkommung muß auch die Definition dessen gesehen werden, was echte Gegnerschaft darstellt.

Wer Musashis Werk sehr sorgfältig liest, wird feststellen, daß man unter dem Begriff Gegner vor allem eine strategische Herausforderung, die angenommen werden muß, zu verstehen hat.

Das allein wird sicherlich für viele eine persönliche Herausforderung darstellen. Tatsache ist aber, daß wir in der Hauptsache nicht gegen andere Menschen, sondern vor allem gegen mißliche Umstände kämpfen.

Musashi wird diesen Anforderungen gerecht. In seinem **Buch der fünf Ringe** beschreibt er den Erfolg hin zum Chaosmanager in Schritten, die auch für moderne Managementtheoretiker nachvollziehbar sind.

Als Kerneinstellung für erfolgreiches Chaosmanagement sieht Musashi die Bereitschaft, von echtem Nutzen zu sein. Als Samurai drückt sich für ihn diese Einstellung darin aus, daß der wahre Samurai bereit sein muß, jederzeit für den rechten Weg zu sterben. Kampf kann es für Musashi daher nur in dem Sinne geben, daß der Bessere gewinnen soll. Eine solche vom eigenen Ich, vom unmittelbaren eigenen Vorteil losgelöste Einstellung setzt tiefe innere Energien beim Chaosmanager frei. Dies ist immer dann möglich, wenn das

Ziel nicht vor allem darin liegt, Wohlstand und Macht anzuhäufen, sondern darin, zum Wohle aller eine möglichst umfassende Kontrolle des Chaos dieser Welt zu erreichen.
Musashi selbst hat sich deshalb schon früh vom Kampf ab- und der Kunst zugewandt, weil er darin eine Steigerungsmöglichkeit seines eigenen persönlichen Beitrags sah.
Damit brachte er zum Ausdruck, daß für ihn Chaoskontrolle auf niedrigerer Ebene nur als Wegbereiter für eine höhere Ebene diente. Das Endziel aber war: intuitiv richtiges Leben. Wer dies erreichen will, der muß lernen, nicht nur die Materien zu managen, sondern auch den Geist.
Den Weg zum intuitiv richtigen Leben als Chaosmanager beschreibt Musashi in drei unterschiedlichen Stufen:

DIE DREI STUFEN ZUM CHAOSMANAGER

EBENE 1: FORM → die Kraft des sinnlich Erfaßbaren

EBENE 2: IMAGE → die Kraft der mentalen Dominanz

EBENE 3: SUBSTANZ → die Kraft des inneren Kerns

Auf der Ebene der konkreten Form haben wir es mit der tatsächlichen, sinnlich erfaßbaren strategischen Herausforderung zu tun. Wenn der Marktanteil eines Unternehmens sinkt, dann ist das ein Ereignis, das zuerst einmal vordergründig auf der Ebene des Konkreten stattfindet. Ereignisse in diesem Bereich sind vor allem leicht quantitativ in den Griff zu bekommen. Wer diese Ebene managt, der kontrolliert damit in erster Linie materielle Gegebenheiten.
Dies ist oft die einzige Ebene, der in einem Unternehmen Beachtung geschenkt wird. Langfristig ist es aber für echten Erfolg wichtig, nicht auf dieser Ebene stehenzubleiben.
Der Vorteil dieser Ebene liegt sicherlich darin, daß alle Ergebnisse und Gegebenheiten quantifizierbar sind. Zudem interessieren sich fast alle wichtigen Stakeholders eines Un-

ternehmens fast nur für diese Ebene: Von der Steuerbehörde bis zur Bank, von den Aktieninhabern bis zur Wirtschaftspresse, der Unternehmenserfolg wird meist nur an Renditen, Rücklagen, Marktanteilen, Dividenden oder Wachstumsraten gemessen. Jede der Ebenen beeinflußt die nächste. Und das Image eines Unternehmens hängt sicherlich in starkem Maße davon ab, wie es auf dieser Ebene fährt. In diesem Sinne muß diese Ebene natürlich ernst genommen werden.

Wer auf der Ebene der konkreten Form denkt, wird sich hauptsächlich mit strategischen Hindernissen und deren Überwindung befassen. Wer Musashis Lehren auf dieser Ebene anwendet, der befaßt sich vor allem mit dem Aspekt der Destruktion in Musashis Ansichten. Es geht darum, konkrete Gegner zu identifizieren und durch geschickte Manöver kaltzustellen und auszuschalten.

Manchmal wird man sicherlich auf dieser Ebene operieren müssen. Wer das nicht so sieht, der lebt in der Illusion von einer heilen Welt. Kooperation ist aber auf dieser vordergründigen Ebene nur bedingt möglich. Zuerst müssen die Widerstände beseitigt werden. Diese bestehen in Böswilligkeit und Starrheit, im Festhalten an Überholtem oder schlichtweg Falschem, im konsequenten Verfolgen eigensüchtiger Interessen. Solche Widerstände zu überwinden, erfordert Kampf. Der Grund zum Kämpfen darf aber nicht egoistisch, sondern muß altruistisch sein. Bereitschaft zum Opfern, Aufgeben, Loslassen ist der Maßstab für die eigene Aufrichtigkeit in solchen Prozessen.

Bestimmte Menschen oder Unternehmen werden einem Manager leider immer so lange zusetzen, bis er sie tatsächlich direkt auf der ersten Ebene in den Griff bekommen hat. Trotzdem ist diese Ebene aber im Grunde trivial. Sie ignoriert nämlich langfristig viel wichtigere Faktoren wie Image, Unternehmensphilosophie, Corporate Culture, Zukunftsvisionen oder Wege zur Freisetzung sozialer Energien im Betrieb. Ein Vorteil für europäische Manager ist sicherlich,

daß auch die japanischen Lenker oft den Fehler machen, in solchen im Grunde trivialen Kategorien zu denken.
Als Ziel bleibt dann lediglich, konkrete strategische Auseinandersetzungen zu gewinnen. Natürlich bietet Musashi für diese Zwecke wichtige Hinweise. Aber wer sein Werk genau liest, dem wird klar, daß Musashi sich letztendlich durchaus des Unterschieds zwischen dem Gewinnen eines Krieges und der unweit größeren Aufgabe, sein eigenes Unternehmen oder seine eigene Nation zu echter Größe zu führen, bewußt war.
Der destruktiven Ebene der konkreten Form mit ihren tatsächlichen Streitereien und Auseinandersetzungen setzt er deshalb sowohl in seinem Werk als auch in seinem persönlichen Leben die zwei Ebenen des konstruktiven Siegens gegenüber. Privat hat er sich, nachdem er auf der ersten Ebene unschlagbar geworden war, ab einem jungen Alter von dreißig Jahren ausschließlich den Künsten und der eigenen persönlichen Vervollkommnung gewidmet. In seinem Werk zeigt er einen ähnlichen Weg zum vollkommenen Chaosmanagement auf.
Die zweite, die konstruktive Ebene ist dabei die Ebene des Images. Sie stellt die Ebene der Entfaltung in der Außenwelt dar. Mit einem modernen Schlagwort könnte man sie unter dem Aspekt der *Evolution* sehen.
Diese zweite Ebene baut natürlich auf der ersten auf. Es wäre blauäugig, nicht zu sehen, daß einzelne Personen oder Unternehmen durchaus Gegner auf der ersten Ebene sein können, die man zuerst als konkrete Herausforderung meistern muß, bevor man sich auf der konstruktiven Ebene des Images frei entfalten kann.
Was für einen idealen Chaosmanager aber wichtig ist, ist, daß er andere auch nicht auf der ersten Ebene nur deshalb bekämpfen darf, weil sie seine Profitgier oder seinen selbstsüchtigen Ehrgeiz behindern. Bekämpft werden sollte nur, wer objektiv gesehen »schlecht« ist.
Unternehmensintern sind das Verantwortungsträger oder

Mitarbeiter, die »gute« Entscheidungen (meist aus eigennützigen Motiven oder auch aus schlichter Ignoranz) behindern. Auf einen gesamten Markt bezogen, sollte dies vor allem Unternehmen treffen, die mit minderwertigen Produkten und Dienstleistungen oder monopolistischen Bestrebungen etc. negative Einflüsse auszuüben suchen.

Ein wichtiger Schritt ist deshalb auch die Einbeziehung der Ebene drei. Dabei geht es um die strategische Ausweitung der eigenen Substanz. Dies ist die Ebene der Entfaltung der eigenen Innenwelt. Dieses gezielte Inner-Management umfaßt sowohl die persönlichen Qualitäten des einzelnen Managers wie auch die echte Substanz eines Unternehmens, die sich in der gelebten positiven Unternehmensphilosophie ausdrückt.

Wer sich auf dieser konstruktiven dritten Ebene weiterentwickelt, verwirklicht den Aspekt der *Idealisierung*. Als Endprodukt einer solchen Entwicklung auf allgemeiner Ebene eines Marktes würde ein Netzwerk objektiver, evolutionsorientierter, rationaler, sozial verantwortlicher Chaosmanager stehen. Ein solcher Markt wäre weniger von Konkurrenzdenken und mehr von strategischer Kooperation und ständig wechselnden Allianzen gekennzeichnet, wobei das Endziel darin läge, durch eigene Managementbemühungen einen möglichst optimalen Verbund hochwertiger Produkte und Dienstleistungen, gepaart mit wesentlichen positiven Beiträgen zum Gemeinwohl einschließlich der sozialen und ökologischen Bereiche, herzustellen.

Wer Musashi in seiner letzten Konsequenz ernst nimmt, der wird dazu beitragen, daß eine Art moderne Bruderschaft wohlwollender Samurai-Manager entsteht, die sich ihrer Verantwortung für die positive Entwicklung der Zustände in unserer Welt bewußt sind, die sich dem Wohl der gesamten Menschheit einschließlich der kommenden Generationen verpflichtet fühlen und die dieses Ziel unter Einbezug einer permanenten eigenen moralischen Vervollkommnung anstreben.

Ein solcher »Solidarpakt« würde in dieser umfassenden Zielsetzung über alle politischen, sozialen und sogar religiösen und ideologischen Barrieren hinweg eine starke Weltströmung zugunsten aller Menschen guten Willens auslösen. Diese neuen Helden des Chaos würden den Samurai-Faktor gezielt umsetzen und als unabhängige Agenten des idealen Chaosmanagements im Grunde im Dienste der gesamten Menschheit stehen. Es würde eine Elite der internationalen Samurai entstehen, die mutig, stark, ehrlich und den höheren Werten verpflichtet sind. Ihr Heldentum würde in der Bereitschaft liegen, ihr Leben für das Richtige einzusetzen. Nicht länger wären diese Manager lediglich aufopfernde und gleichzeitig machtbesessene Rädchen im großen Profitgetriebe, die trotz der hohen Vergütung im Grunde nur den weniger edlen Zwecken reiner Profitmaximierung dienen. Die neuen Chaosmanager hätten immer zuerst Zeit für das Wesentliche, für sie wäre Umweltbewußtsein eine Frage der persönlichen Ehre, und das Wohl ihrer Familien könnte ihnen nicht abgekauft werden.
Die letztendliche Botschaft von Musashi, die auch viele moderne Japaner in ihrem merkantilen Machtdenken nie verstanden haben, versucht nicht nur, einigen Wirtschaftspotentaten noch mehr Einfluß als bisher zu verschaffen. Was Musashi wirklich wollte, war, die Grundlage zu einer besseren, vollkommenen Welt zu legen. Einer Welt, in der die Strategen Helden sind und in der die Vollkommenheit und nicht der wertfreie Wohlstand das Endziel definiert.

DIE GRUNDLAGEN DES CHAOSMANAGEMENTS

Basierend auf dem Ansatz, daß Chaosmanagement umfassend gültig, ganzheitlich und einfach sein soll, hat Musashi Prinzipien entwickelt, die sich wie ein roter Faden durch sein Werk ziehen und seine Grundthesen darstellen:

PRINZIPIEN DES CHAOSMANAGEMENTS
Mind over matter
Selbstmanagement
Prozeßdenken
Allbedeutung
Relativität

Mind over matter

Der vielleicht krasseste Ausdruck von Musashis Glaube an die Überlegenheit des Geistes über die Materie zeigt sich darin, daß er am Ende seiner Laufbahn als Krieger nur noch mit unterwegs aufgeschnappten Holzprügeln gegen seine meist mit dem traditionellen japanischen Langschwert bewaffneten Gegner antrat. Japanische Schwerter zu jener Zeit waren von solcher Güte, daß sie mühelos sogar Rüstungen durchdrangen. Musashi aber glaubte fest, daß der geschärfte Geist desjenigen, der zum Meister des Chaos geworden war, vor keinem Stahl, sei er auch noch so scharf, zurückzuschrecken brauche. Seine phänomenalen Siege gaben ihm recht.

Die Lektion für den Chaosmanager heute ist, daß Musashi keine Konjunkturflaute, keine strategische Überlegenheit der Konkurrenz und keine Standortnachteile als letztendliche Erklärung für schlechtes Abschneiden auf dem Markt anerkennen würde. Musashi sieht die Probleme in erster Linie in den Köpfen der beteiligten Manager. Und die Köpfe will Musashi mit seinen Lehren an erster Stelle erreichen. Wer im Kopf ein Sieger ist, der wird es über kurz oder lang auch schaffen, diesen Sieg in der äußeren Welt der Wirtschaft umzusetzen. Nur wer bereit ist, diese Erfahrungen Musashis ernst zu nehmen, wird wirklich von seinen Anleitungen zum Chaosmanagement profitieren können.

Selbstmanagement

Die erste Frage, die sich ein Krieger laut Musashi stellen muß, ist: Weshalb kämpfe ich überhaupt? Überleben des Unternehmens oder Profitdenken sind nach Musashis Prinzipien nur scheinbar gültige Motive. Denn Überleben hat nur Sinn, wenn man weiß, wofür man lebt. Und Profit als Selbstzweck ist viel zu schwach, um die tiefen, verborgenen Energien eines Managers freizusetzen, die er braucht, wenn er wirklich gegen das Chaos bestehen will. Eine erste Antwort, die Musashi bis zu einem gewissen Grad akzeptieren würde, ist, daß man sich bemüht, von Nutzen zu sein. Ein guter Manager leistet einen wichtigen Beitrag zum Allgemeinwohl der Gesellschaft, in der er operiert. Aber letztendlich sieht Musashi das Endziel der Arbeit eines Strategen woanders: In erster Linie ist für ihn jede Herausforderung nichts anderes als eine Gelegenheit, persönlich an Fähigkeiten und Charakter zuzunehmen. Im Grunde kämpft jeder zuerst gegen sich selbst. Das erstrebte Endergebnis: persönliche Vollkommenheit. Wer unvollkommen ist, schadet langfristig sich selbst und anderen. Chaosmanagement bietet die Chance, die Unwägbarkeiten und Widrigkeiten des Lebens durch erfolgreiches Selbstmanagement in den Griff zu bekommen. Eine Verbesserung der eigenen Schlagkraft wird dann auch die Energie freisetzen, die man benötigt, um bei gesellschaftlichen und beruflichen Aufgaben von entsprechendem Nutzen zu sein.

Prozeßdenken

»Nobody is perfect.« Für den Chaosmanager heißt das, es wird nie eine totale, perfekte Beherrschung des Chaos geben können. Aber jeder einzelne kann in seinem Umgang mit den chaotischen Umständen, in die er im Laufe seines Lebens gerät, immer geschickter und strategisch gewandter werden. Chaosmanagement wird dabei vom Bewußtsein geprägt, daß im Grunde alle Ereignisse, auch in der Wirtschaftswelt, nichts anderes als die Momentaufnahmen eines kontinuierlichen Prozesses sind. Alles, was geschieht, hat eine Vergangenheit, eine Ursache, und es hat eine Zukunft und Auswirkungen auf andere Vorgänge – auch auf einen selbst.

Wer Musashi verstehen will, der muß erkennen, daß in der Tat alles einem Prozeß unterliegt. Eine wichtige Erkenntnis ist dabei der rhythmische Charakter fast aller Vorgänge. Fast alles im Leben unterliegt regelmäßig wiederkehrenden Schwankungen. Auf jede Hochkonjunktur folgt irgendwann einmal wieder eine Rezession. Jedes Unternehmen durchläuft Höhen und Tiefen. Wer sich bewußt ist, daß alle Dinge ständig im Fluß sind, der wird laut Musashi auch leichter in die Lage versetzt werden, die rhythmischen Abläufe seiner Umgebung zur persönlichen Chaosbeherrschung ausnutzen zu können.

Allbedeutung

Weil alles einem ständigen Entwicklungsprozeß unterliegt und alle Ereignisse wiederum Auswirkungen auf andere Ereignisse haben, gibt es keine eindeutig bedeutungslosen Vorgänge. Aufgrund der Vernetzung aller Vorgänge können sich Auswirkungen so aufsummieren, daß winzigste Veränderungen in den Anfangsbedingungen zu gigantischen Auswirkungen am Ende führen. Oft sind diese Auswirkungen natürlich nicht feststellbar, denn wir sind uns meist nicht bewußt, daß die Dinge, die uns widerfahren, oft auch ganz anders hätten kommen können.

Ein Monteur, durch ein Gespräch abgelenkt, greift vielleicht zu einer anderen Schraube im Kasten, als er die Räder an einen Wagen montiert. Diese Schraube bricht. Es kommt zu einem Verkehrsunfall, bei dem ein Kind getötet wird, das vielleicht ein großer Erfinder bei einem Elektronikkonzern geworden wäre. Aufgrund solcher Umstände haben sich vielleicht schon die Schicksale ganzer Nationen anders entwickelt, als dies sonst der Fall gewesen wäre. Natürlich hat kein Mensch Kontrolle über oder irgendeinen ausschlaggebenden Einfluß auf solche Vorgänge.

Aber es gibt trotzdem einen wichtigen Aspekt für jeden Chaosmanager. Viele Ereignisse kann er nämlich steuern. Durch rechtzeitiges Aussenden der richtigen Memos, durch frühzeitig eingeleitete Aktionen, durch zielgerichtete Entscheidungen können Prozesse bewußt in eine profitablere Richtung gelenkt werden. Dies ist schließlich das Hauptanliegen des Managements. Was oft übersehen wird, sich aber im Zeitalter der Chaostheorie immer mehr manifestiert: Alles zählt; jede Handlung und Entscheidung, ob in guten oder in schlechten Zeiten getroffen, hat Auswirkungen auf unser gesamtes Leben. Wer in guten Zeiten schlechte Entscheidungen trifft, bereitet damit möglicherweise bereits seinen Untergang in schlechten Zeiten vor. Durch das Bewußtsein, daß Entscheidungen, die heute in Zeiten des Überflusses relativ nachlässig getroffen werden, morgen in der Krise dann plötzlich entscheidende Unterschiede und Entwicklungen heraufbeschwören können, werden auch die kleinen Entscheidungen bewußter und mit mehr Respekt für das in ihnen schlummernde Potential, sowohl zum späteren Sieg als auch zur späteren Niederlage, entwickelt.

Im englischen Königshaus ist es zum Beispiel verboten, daß die zwei direkten Thronfolger gemeinsam Flugreisen unternehmen. Vor einigen Jahren hatte eine Organisation die Sorge, daß viele ihrer führenden Mitarbeiter Hobbypiloten waren. Es wurde angeordnet, daß Mitarbeiter von einem bestimmten Rang an keine Flugzeuge mehr selbst fliegen durften. Unter Umständen können solche relativ unbedeutend scheinenden Regelungen zu gravierenden Unterschieden am Ende führen.
Auch wird sich kaum ein Manager intensiv damit befassen wollen, wie die Sekretärin interne Memos entsorgt. Wenn ein brisantes Stück dann aber bei der Presse landet, ist die Aufregung groß. Die Liste solcher Möglichkeiten ließe sich endlos fortsetzen. Musashi erwartet von Ihnen, daß Sie sich dieser Gegebenheiten bewußt bleiben, wenn Sie von ihm Chaosmanagement lernen wollen.

Relativität

Alles im Leben ist relativ. Diese Aussage bezieht sich nicht auf die ideellen Werte, die den Maßstab für unser Handeln bilden, sondern auf die Gegebenheiten des Lebens.
Bei den Olympischen Spielen gewinnt zum Beispiel nicht, wer perfekt handelt, sondern wer relativ besser, schneller, ausdauernder ist. Nicht einmal, wie die Einzelleistung zum Weltrekord in der jeweiligen Disziplin steht, spielt eine Rolle. Der schnellste Athlet, die beste Sportlerin in der jeweiligen Disziplin bekommt die Goldmedaille.
Der scheidende Opel-Chef Louis R. Hughes, als Executive Vice President Overseas nun für General Motors für das gesamte außeramerikanische Geschäft zuständig, hinterließ seinen Mitarbeitern in Rüsselsheim folgende Anekdote: Zwei Männer treffen im Wald auf einen Grizzlybären, der zum Angriff ansetzt. Daraufhin zieht sich einer der beiden Männer schnell Turnschuhe an. »Das nützt doch nichts«, meint der andere, »einem Grizzly kannst du sowieso nicht

davonlaufen.« »Brauche ich auch gar nicht«, kontert sein turnschuhbewehrter Kollege. »Ich muß nur schneller laufen können als du.«
Für den Chaosmanager heißt das, daß er vor allem besser sein muß als die anderen. Im Kampf des Lebens ist alles relativ: Der Bessere gewinnt. Man muß nicht vollkommen sein, man muß sich nur ständig verbessern und sicherstellen, daß man nicht hinter den anderen zurückbleibt, sondern immer in vorderster Linie marschiert. Diese Erkenntnis führt zu klaren Zielvorgaben. Denn wer die Konkurrenz realistisch einschätzt, der hat damit zugleich auch die Minimalvorgaben für sich selbst: Besser als die Konkurrenz sollte er allemal sein und bleiben.

BASISREGELN FÜR ERFOLGREICHES CHAOSMANAGEMENT

Welches sind die besten Managementschulen? Wer bietet die besten Weiterbildungsseminare? Wie kann ich in meinem Fachbereich auf dem laufenden bleiben? Das sind Fragen, die den deutschen Managementnachwuchs und auch gestandene Manager plagen. Und zu Recht, denn gute Ausbildung und entsprechende Weiterbildung sind ein entscheidender Aspekt für die spätere persönliche Leistungsfähigkeit im Beruf.
Musashi selbst sieht das im Prinzip nicht anders. Schließlich hat er die Erfahrungen seines Lebens vor allem deshalb niedergeschrieben, damit auch andere Strategen seine erfolgreichen Methoden lernen können.
Es gibt Prinzipien, die haben für bestimmte Zeiten eine Gültigkeit. Kenntnis der wichtigsten Schiffahrtsrouten mag im Mittelalter für einen Kaufmann entscheidendes Wissen gewesen sein. Vor allem, wenn er Wege fand, seine Waren damit besser gegen Piratenübergriffe und sonstige Fährnisse zu schützen. Heutzutage sind solche Kenntnisse aber höchstens noch für den Historiker von Wert. (Was aber nicht heißt, daß dem so bleiben muß. Wie zum Beispiel »Focus« am 1. Februar 1993 berichtete, wird in bestimmten Meeresgebieten das Piratenunwesen zunehmend zu einem neuen Faktor für den Transport von Öl und anderen Gütern.)
Sicher half es einmal auch, zu wissen, wie man sich am leichtesten das römische Bürgerrecht erkauft. In unserer Zeit mag es interessanter sein, zu wissen, wie man eine US-ameri-

kanische Green Card bekommt oder wie man sich erfolgreich in der Schweiz niederlassen kann.
Henry Ford führte seine Firma mit dem Einsatz des Fließbandes zu Weltruhm. Heute sind Lean Production und Quality Management wichtigere Prinzipien als Taylorsche Produktionsmethoden.
Die Zeiten ändern sich, und damit ändert sich auch die Relevanz mancher Wissensbereiche. Vor allem chaotische Systeme lassen sich mit begrenztem Wissen kaum für längere Zeit unter Kontrolle halten.
Aber Musashi sieht da auch noch andere Aspekte. Inmitten des Chaos glaubt er an den ruhenden Pol des absoluten Wissens und des unbegrenzten Könnens. Unbegrenzt hinsichtlich seiner Gültigkeit und dadurch letztendlich auch unbegrenzt im Hinblick auf seine Macht.
Für Musashi ist die Erkenntnis wichtig, daß der Weg des Kriegers, die Verinnerlichung perfekter Strategie, zu allen Zeiten und in allen Situationen seine Richtigkeit behalten wird. Wer selbst zur Verkörperung echter Strategie geworden ist, der wird zu allen Zeiten genausogut Schlachten wie Wahlkämpfe oder Werbekampagnen siegreich überstehen. Es wird für ihn unbedeutend sein, ob die Kämpfe mit Schwertern oder mit Raketen ausgetragen werden. Ob man dabei Boten zu Pferde ausschickt oder Telefaxe sendet, ob man Karawanen dirigiert oder per Computer Aktien handelt. Die Tatsache bleibt, daß Chaos im tieferen Kern diese Welt regiert, auch wenn es uns mit unterschiedlichen Gesichtern in Physik, Mathematik, Medizin oder Wirtschaft entgegentreten mag.
Die Wirkungszusammenhänge bleiben gleich, und die Ansätze, die eine erfolgreiche Kontrolle des Chaos ermöglichen, bleiben deshalb auch im Kern die gleichen.
Für Musashi ist das ein wichtiger erster Punkt:

Wahre Strategie ist absolut. Zu allen Zeiten und unter allen Bedingungen einsetzbar. Der Meisterstratege wird immer ge-

winnen, weil er den Weg zum Sieg über das Chaos verinnerlicht hat.

Für einen Manager unserer modernen Zeit mag dies alles viel zu mystisch und unwirklich klingen. Er hat es schließlich mit konkreten täglichen Problemen, mit knallharten Fakten zu tun und mit Mitarbeitern, die es mit Realitätssinn zu führen gilt. Da bleibt für Träumerei keine Zeit.
Aber der Realitätssinn bekommt manchmal doch einen gehörigen Schlag versetzt. Plötzlich wanken nämlich sogar alte Giganten wie Daimler-Benz, muß IBM, der Erfinder des Personal Computers, sich auf die Hinterbeine stellen, um auf dem PC-Markt nicht hoffnungslos ins Hintertreffen zu geraten, werden Gerüchte laut, daß selbst so renommierte Beratungsfirmen wie McKinsey von den Anforderungen der modernen Zeiten überrollt werden.
Plötzlich ist von den Soft Factors die Rede. Da soll auf einmal die Zukunft mancher Firma nicht mehr vom Produkt allein abhängen, sondern vor allem von der Gesamtausstrahlung der Firma, und Ambiente eine größere Rolle als technische Daten spielen.
Da erfährt man dann, Jahre, nachdem das Rennen bereits endgültig gelaufen ist, daß das Videosystem BETA technisch gesehen deutlich besser war als VHS. Aber weil einige Videotheken in den USA in den Anfangszeiten, als der Ausgang praktisch noch völlig offen war, mehr Filme in VHS vorrätig hatten und daraufhin einige Käufer sich lieber einen VHS-Recorder zulegten, wurde eine Lawine ausgelöst, die allmählich so an Kraft zunahm, daß sie am Ende das bessere BETA weltweit endgültig vom Markt fegte.
Ähnliches zeigt sich auch auf dem PC-Markt. Nicht die besten Betriebssysteme setzen sich durch, sondern diejenigen, die am schnellsten die Anwendung einer Reihe kompatibler Anwendungsprogramme erlauben.
Und da kommt dann Musashi, der sechzig Duelle mit rasiermesserscharfen Schwertern problemlos überstanden hat

und damit sicher auch für Realisten zu einem interessanten Lehrmeister geworden sein dürfte, und lehrt, daß der richtige Idealismus ein wichtiger Faktor zum Sieg ist.
Musashi lehrt die Bedeutung der *idealen Strategie*. Wer sie völlig bei und in sich selbst verwirklicht, der wird auch in allen Kämpfen siegreich bleiben.
Und das macht eine Beschäftigung mit Musashi so wertvoll, denn was er zu lehren hat, gilt für alle Zeiten und für alle Menschen, die sich mit strategischen Problemen auseinandersetzen müssen. Und strategische Probleme sind praktisch überall. Von der Geburtenplanung über geschickte Planung der eigenen Ausbildung hin zu den Plänen eines Weltkonzerns – wer wirklich effektiv handeln will, muß strategisch denken.
Deshalb ist die erste Voraussetzung, die uns Musashi vermittelt:

- **Es gibt eine ideale Strategie. Wer sie beherrscht, wird alle Kämpfe gewinnen können.**

Natürlich wird jetzt mancher erfahrene Manager darauf hinweisen, daß das wohl nicht stimmen kann, da ja auch bei der Konkurrenz ein Schüler Musashis am Werk sein mag. Am Ende seines Werkes geht Musashi indirekt auf diese Frage ein.
In gewisser Hinsicht spricht aber auch das zweite Prinzip Musashis diese Frage an:
Kaum ein Stratege wird jemals wirklich das Ideal erreichen, denn die meisten machen in ihrem Leben einen fatalen Fehler: Vor allem wenn sie von den besten Schulen kommen und in den größten, erfolgreichsten Firmen arbeiten, erliegen sie oft der Illusion, daß sie lediglich die alten Wege fortsetzen müßten. Diese Grundhaltung wird natürlich nicht bewußt eingenommen. Aber wer ist schon wirklich in der Lage, auch dann, wenn alles scheinbar gut läuft, wenn sich die Erfolge reihenweise einstellen, sich trotzdem bewußt zu bleiben, daß

er mit großer Wahrscheinlichkeit noch nicht so erfolgreich arbeitet, wie das tatsächlich der Fall sein könnte?
Solange ein gewisser Erfolg gegeben ist, wird sich kaum jemand genötigt sehen, seine eigenen Methoden und Ansätze trotzdem ständig zu verbessern. Ein fataler Fehler, denn das Chaos ist unterschwellig immer am Werk. Chaos muß auch in den guten Zeiten berücksichtigt und unter Kontrolle gehalten werden. Wer dies nicht tut, der wird den Zeitpunkt verpassen, zu dem seine Firma und auch seine eigene Karriere ins Abstürzen geraten – während die momentanen Bilanzen und guten Ergebnisse ihn noch in Sicherheit wiegen. Ein sich entwickelnder Sturm muß im Keim erkannt und umgangen oder erstickt werden. Wenn der Wind erst einmal heftig zu wehen beginnt, ist es meist zu spät.
Die beste Waffe gegen böse Überraschungen in allen Lebenslagen ist dabei, sich durch ständige Verbesserung des eigenen Weges vorzubereiten. Musashis Devise: Der beste Weg ist mit Sicherheit noch nicht gefunden worden. Egal ob man sich bei der Suche an die berühmten Universitäten begibt und sich dort bei ihrer jeweiligen Business School umsieht oder ob man sich bei Großkonzernen nach ihren Methoden erkundigt, von einem kann man mit Sicherheit ausgehen: Der beste Weg ist noch nicht gefunden worden.
Zu viele angehende Manager übersehen: Das entscheidende ist, nicht nur von den Großen der Vergangenheit oder auch von den Managementgurus unserer Tage zu lernen. Man muß sich darum bemühen, selbst zu einer Quelle neuer Techniken, neuer Methoden, neuer Wege zu werden.
Natürlich ist es wichtig, informiert zu sein. Es hat sicherlich keinen Sinn, das Rad von neuem zu erfinden. Jeder, der heutzutage den Erfolg und die neuen Methoden und Erkenntnisse anderer ignoriert und statt dessen mit veralteten Ansichten und Managementprinzipien weitermachen will, wird in nur kurzer Zeit scheitern.
Wir leben in einer schnellebigen Welt, und nicht nur Lügen, sondern auch Fehler haben in der Tat kurze Beine. Wer in-

effektiv arbeitet, wird sehr bald von der harten Wirklichkeit eingeholt.

Zudem ist unsere Welt auch so kompliziert geworden, daß es keinen Sinn hat, alles selbst analysieren zu wollen. In dieser Hinsicht ist jeder von uns mittlerweile in ein Netzwerk von Daten und Informationen eingebunden. Wenn diese Welt auch nur einigermaßen überschaubar bleiben soll, müssen wir die Aufgabe des Analysierens unter verschiedenen Experten aufteilen.

In den letzten Jahrzehnten wurden phantastisch anmutende Fortschritte in allen Wissensbereichen gemacht. Manager, die vor zwanzig Jahren Firmen geführt haben, wären heute erstaunt zu sehen, wieviel effektivere Methoden der Planung es heute gibt, welche Feinheiten der Organisation mittlerweile erarbeitet wurden, wie sehr viel mehr heute Mitarbeitermotivation in den Vordergrund der Diskussion gerückt ist oder welche modernen Hilfsmittel für das Controlling vor allem aufgrund der rasanten Fortschritte der Informationstechnologie zur Verfügung stehen.

Viele Marketingstrategien von damals würden heute nur noch ein müdes Lächeln hervorrufen, und die damaligen Produktionsmethoden würden dem heutigen Markt nicht mehr standhalten.

Aber es genügt dennoch nicht, nur bereit zu sein, sich alles Wissen, das im Wirtschaftsbereich zusammengetragen wurde, anzueignen. Die wahrhaft erfolgreichen Manager lernen zwar wichtige Prinzipien von ihren Lehrern und Kollegen, aber am Ende tragen sie selbst etwas *Neues* zum weltweiten Wissensfundus in ihrem Bereich bei.

Wer nie weitergeht als diejenigen, die schon vor ihm den Weg gegangen sind, der wird nie die Spitze des Erfolgs erreichen.

Dies ist ein Kern des Erfolgsgeheimnisses von Musashi. Er selbst hat sich auf keine der zu seiner Zeit gängigen Lehren und Methoden völlig verlassen. Er ist statt dessen weit über seine eigene Zeit hinausgewachsen.

Daher ist denn auch sein wichtigster Rat an alle Strategen: Es steht jedem von uns frei, sich soviel Wissen wie möglich über die Methoden und Erfahrungen unserer Lehrer und Kollegen anzueignen. Wenn wir aber wirklich groß werden wollen, wenn wir wirklich einen ungewöhnlichen Erfolg erreichen wollen, dann müssen wir uns immer auch auf das konzentrieren, was noch nicht erfunden wurde. Und wir müssen uns ständig bewußt sein, daß es immer irgendwie noch einen Weg geben muß, etwas besser, schneller, effektiver zu machen. Es muß zu einem festen Bestandteil unserer Denkweise werden, daß wir immer auf der Suche nach dem Neuen, Besseren sind. Das Gespür für den Fortschritt muß für uns sozusagen instinktiv werden.

- **Ein erfolgreicher Chaosmanager ist ein Manager, der für sich selbst den Weg zum Erfolg gefunden hat.**

In der Einführung zu seinem Buch erklärt Musashi, wie er zu seinem Weg gefunden hat und was sein Weg wirklich darstellt. Sicher hat Musashi die relevanten religiösen und militärtaktischen Schriften seiner Zeit gelesen. Man kann ja nur dann Fortschritte machen, wenn man auf bereits erreichten Errungenschaften aufbaut. Aber er blieb nicht bei dem bereits Dagewesenen stehen. Er wartete auch nicht, bis ein Mißerfolg ihn dazu gezwungen hätte, seine Ansätze und Methoden zu verbessern. Er konnte sich von Anfang an keinen Mißerfolg erlauben. Man kann mit einer Firma pleite machen und dann doch noch eine zweite zum Erfolg führen (obwohl auch das oft schwierig sein dürfte). Aber man kann kaum einen Mißerfolg in einem Duell überleben. Also hat Musashi das Prinzip der ständigen Verbesserung entwickelt, bis er in seinem eigenen Bereich unschlagbar wurde, so daß er sich mit dreißig Jahren als Legende in seiner eigenen Zeit zurückziehen konnte.

Musashi betont in seiner Einleitung noch einen weiteren Aspekt:

- **Die Entwicklung der rechten Intuition ist der entscheidende Erfolgsfaktor.**

Musashi spricht im Zusammenhang mit seinem Erfolg von einem Weg. Damit betont er, daß jegliches Handeln und Planen in einem größeren Zusammenhang zu sehen ist. Letztendlich muß auch der Teilaspekt unserer Arbeit als nur ein Bereich im Rahmen des großen Ganzen gesehen werden. Unsere Arbeit als Manager muß daher auf einer allgemeinen Lebensphilosophie fußen, und unsere Grundeinstellung zum Leben und unsere spezielle Arbeit müssen in Harmonie zueinander stehen. Auf diese Weise schaffen wir eine starke Ordnung, eine ungetrübte Zielrichtung in unserem Leben, die eine ungeahnte Kraft in uns freisetzen wird.

Diese zielgerichtete Kraft in unserem Leben ist der entscheidende Faktor für echten, langfristigen Erfolg. Wissen allein genügt nicht. Ein guter Manager hat ein Gespür für die richtigen Entscheidungen entwickelt. Diese Intuition so auszubauen und zu stärken, daß dabei auch das Chaos kontrolliert wird, ist für Musashi eine zentrale Aufgabe.

In gewissem Sinne stammt diese Erkenntnis sicherlich direkt aus den asiatischen Kampfsportarten. Dort geht man vom Ideal der perfekten Technik aus. Die eigene Technik wird so trainiert, daß sie soweit wie möglich dem Ideal entspricht. Anschließend trainiert man den instinktiv richtigen Einsatz der Technik durch Kampfübungen. Der Meister, der gute Techniken entwickelt und seine Sinne durch Übung geschult hat, wird kaum mehr zu schlagen sein.

Wir im Westen haben vielleicht nicht bewußt diese Prinzipien übernommen, aber auch beim westlichen Fechten tritt die Technik in den Hintergrund. Der Meister sieht im Kampf nur noch die offene Chance, die Lücke beim Gegner. Danach wird sein Körper ganz automatisch mit der entsprechenden Technik nachhaken. In den Kampfsportarten wird so die ideale Zusammenarbeit von Intuition und Technik einprägsam herausgearbeitet: Die Intuition hilft uns, Situationen spontan auch in ihrer größeren Tragweite richtig zu erfassen. Aber nur zu wissen, was zu tun wäre, genügt nicht. Man braucht auch das Training und die Fähigkeiten, instinktiv nach der sich bietenden Gelegenheit zu greifen und Hindernisse zu überwinden. In diesem Sinne hält Musashi durchaus nichts von einem Laien mit großer intuitiver Gabe. Nur der Experte, der sein Rüstzeug und die Technik ideal beherrscht, kann in optimaler Weise Intuition in Erfolge ummünzen.

Musashis Weg versucht, diese Denkansätze zu verfeinern, in entscheidende Einzelprinzipien aufzuspalten und den Schüler dann in seinem jeweiligen Bereich die siegreichen Techniken idealer Strategie zu lehren.

Aber Musashi wäre wahrscheinlich der erste, der darauf hinweisen würde, daß auch sein Werk letztendlich nur als Anstoß zum Denken und Handeln verstanden werden darf. Schließlich muß jeder Mensch und damit auch jeder Manager seinen eigenen Weg finden.

Auf dem Weg zu diesem Ziel kann Musashi aber durchaus eine große Hilfe sein.

PARADIGMENWECHSEL: VOM STRATEGISCHEN MANAGEMENT ZUM CHAOSMANAGEMENT

Seit Paul S. Kuhn Anfang der sechziger Jahre das Konzept des Paradigma popularisiert hat, wurde es nicht nur in der Naturwissenschaft, sondern auch in anderen Bereichen zur Gewohnheit, von sogenannten Paradigmenwechseln zu sprechen. Nun, auch die Chaostheorie ist dabei, einen echten Paradigmenwechsel einzuleiten.

Auch auf den Managementbereich kommt ein solcher Wechsel der grundsätzlichen Sichtweise unserer Welt zu. Während noch vor wenigen Jahren strategisches Management als die Antwort auf die zunehmende Komplexität unserer Welt galt, wird nun deutlich, daß unsere Welt nicht lediglich komplex ist, sondern chaotisch. Da sich das Chaos (wie es in den Naturwissenschaften definiert wird) nicht in seinem Ablauf berechnen läßt, kann man der zunehmenden, chaotischen Komplexität unserer Welt auch nicht mehr allein mit strategischem Management gerecht werden. Es hilft da auch nicht viel weiter, die Strategien lediglich zu verfeinern und besser und umfassender zu planen. Die vorhandene Methodik einfach weiterzuentwickeln genügt nicht. Allein ein völlig neuer Ansatz ist in der Lage, Unternehmen in der Zukunft auf eine erfolgreiche Arbeit vorzubereiten.

Auf den ersten Blick mag diese Auffassung als übertrieben oder gar als absurd erscheinen. Schließlich wird ja schon lange Handel getrieben, werden schon seit Jahrhunderten Geschäfte gemacht, wurden vor allem in den letzten Jahrzehnten immer ausgefeiltere Managementmethoden ent-

wickelt. Was sich dabei aber vor allem herauskristallisierte, war eine mehr oder weniger gemächliche Evolution im Managementbereich. Im Grunde baute jede Methode auf vorherigen auf. So gab es Planung schon lange, bevor es strategische Planung gab. Man hat dann eben nur versucht, noch weiter reichend und zielbewußter zu denken. Der Grundgedanke war aber ähnlich. Vergleichbares gilt auch für andere Bereiche der Betriebswirtschaft. Wieso soll dieser ganze Ansatz plötzlich unzureichend sein, fragt sich vielleicht mancher. Schließlich hat sich unsere Welt nicht nur dadurch völlig verändert, daß einige Naturwissenschaftler eine neue Theorie über dynamische Systeme entwickelt haben.
In der Tat kommt es nicht auf Theorien an, sondern nur auf die tatsächlichen realen Gegebenheiten. Aus der Erfahrung, daß die gegenwärtigen Ansätze bisher mehr oder weniger funktionierten, kann man aber nicht schließen, daß sie die Realität adäquat widerspiegeln. Ein Zeichen für die chaotische Qualität der Weltwirtschaft sind die sich mittlerweile rapide verändernden Bedingungen auf dem Weltmarkt. Es ist das Kennzeichen eines dynamischen Systems, daß die Geschwindigkeit der Veränderung mit zunehmender Dauer der Entwicklung immer mehr zunimmt. Während Manager vor einigen Jahren noch mit der Illusion, die Zukunft wäre für Unternehmer ausreichend planbar, arbeiten konnten, setzt sich mittlerweile die Erkenntnis durch, daß Unternehmen mit dieser vereinfachten Weltsicht nicht mehr länger eine sichere Basis für ihre Arbeit haben. In Zeiten der Rezession machen sich auch etablierte Unternehmen mehr Gedanken darüber, ob Verbesserungen im eigenen Managementansatz hilfreich sein könnten. Wie die Zukunft bald zeigen wird, sind solche Verbesserungen nicht nur nützlich, sondern absolut notwendig. Die Erkenntnis, daß ein radikales Umdenken der Manager erforderlich wird, wirft aber die Frage auf, in welche Richtung es führen sollte.
Miyamoto Musashi sah als genialer Stratege schon vor dreihundert Jahren das Problem, sich auf die Beherrschung

chaotischer Systeme vorbereiten zu müssen. Er gab klare Anweisungen für den zu vollziehenden Paradigmenwechsel:

PARADIGMENWECHSEL

Strategisches Management	Chaosmanagement
• Planung	• Intuition
• Rationalität	• Instinktives Handeln
• Struktur	• Prozeß
• Sequenz	• Rhythmus
• Bewußtes Lernen	• Ganzheitliches Absorbieren
• Reaktive Methodik	• Aktive Entwicklung

Von **Planung** zu **Intuition:**

Planung ist das Instrument einer berechenbaren Welt. In der Planung wird die Welt als Analogie erfaßt. Die möglichen Abläufe werden in ihrem Kern vorhergesagt, und entsprechende Maßnahmen werden festgelegt. In der Planung können nicht alle Aspekte der Realität erfaßt werden. Der Sinn der Planung liegt in der Vorstellung, daß die Realität hinsichtlich des zu planenden Aspektes auf eine bestimmte Menge zu erfassender Faktoren reduzierbar ist. Der Plan basiert also auf einer gezielten Abstraktion.

Werden die Gegebenheiten in der Realität zunehmend komplexer und wird die Auswirkung der Vernetzung aller Faktoren praktisch nicht mehr berechenbar, dann kann die Realität nicht mehr in einer effektiven Weise auf eine begrenzte Menge wesentlicher Faktoren reduziert werden. Planung ist damit nicht mehr sinnvoll durchführbar. Die *zunehmende Komplexität* unserer Welt setzt also den Möglichkeiten der Planung Grenzen.

Zwar kann man grob gefaßte Zielvorstellungen und Abläufe weiterhin festlegen, in den Einzelheiten ändern sich die

Bedingungen aber so rapide, daß man planerisch nicht mehr mithalten kann: Planen erfordert Zeit. Strategische Planung ist nicht mehr sinnvoll, wenn sich die entscheidenden Bedingungen schneller ändern, als man sich planerisch darauf einstellen kann. Das zweite Problem der Planung ist daher die *Kurzlebigkeit* der Pläne.

Diese zeitliche Lücke kann nicht mehr durch äußere Maßnahmen, sondern nur noch durch die Person des Managers selbst geschlossen werden. Wo die äußeren Instrumente versagen, kommt es auf den einzelnen an. Wie zur Zeit Musashis der Samurai, so muß heute der Manager das unvermeidbare Planungsdefizit durch *Intuition* ausgleichen. Er muß in der Lage sein, jede Änderung der internen oder externen Umwelt seines Unternehmens intuitiv zu erfassen und dann auch intuitiv die richtige Antwort auf die jeweilige Situation zu finden. Planung kann immer noch in gewisser Weise den Weg bereiten, aber die letztendlichen Aktionen müssen der Intuition des verantwortlichen Managers entstammen.

Damit der Manager dieser Anforderung gerecht werden kann, muß er in seiner *Intuition* trainiert werden. Musashi zeigt im **Buch der fünf Ringe** wie.

Von **Rationalität** zu **instinktivem Handeln:**

Wer ständig spontan handeln muß, braucht andere Instrumente als derjenige, der langfristig planen kann. Wer auf Rationalität setzt, erwartet, daß die relevanten Fakten verfügbar sind. Für ihn muß die Welt berechenbar sein. Das Problem beginnt, wenn die Welt unkalkulierbar geworden ist. Nur wer alle wesentlichen Daten erfassen kann, kann seine Zukunft planen. Im Chaos scheint keine Kontrolle der Zukunft mehr möglich. Aber dieser Eindruck täuscht. Auch wenn Rationalität allein nicht mehr weiterhilft, weil die Überschaubarkeit der Welt, aus der sich die Kontrolle zu nähren scheint, nicht mehr gegeben ist, heißt das nicht, daß die Kontrolle nicht mehr möglich ist. Dies bedeutet nur, daß die reine Logik nicht mehr ausreicht, weil Logik nur bewußt gekannte Gegebenheiten korrekt verknüpfen kann. Wenn die Prämissen selbst schwammig werden, kann die Logik keine Klarheit mehr schaffen. Denn rationale Pläne können nie korrekter sein als die Fakten, auf denen sie beruhen. Der Chaosmanager aber ist nicht auf das Instrumentarium der Rationalität begrenzt. Bewußtes Denken ist nicht das einzige Medium, mit dem er die Gegebenheiten erfaßt. Wer durch intensives Training seine Sinne schärft, der entwickelt parallel zum rationalen Planen die Fähigkeit, aus einem sensibilisierten Unterbewußtsein heraus instinktiv auch auf unerwartete Situationen richtig zu reagieren.

Von **Struktur** zu **Prozeß:**

Beim konventionellen Management liegt der Schwerpunkt auf der Struktur. Die Vorstellung ist dabei, daß die richtige Struktur automatisch zum Erfolg führen wird. Ändern sich die Zeiten, dann versucht man die Strukturen so zu ändern, daß sie den neuen Gegebenheiten besser entsprechen. Dementsprechend werden dann Entscheidungsprozesse mehr zentralisiert oder dezentralisiert ablaufen, werden möglicherweise Entscheidungsebenen abgebaut und Hierarchien verflacht. Im Grunde liegt das Augenmerk aber immer noch auf dem System. Die Manager sind austauschbar, was zählt, ist die Struktur des Systems. Wenn man versucht, das Chaos zu kontrollieren, reicht es aber nicht mehr aus, nur am System zu arbeiten. Das entscheidende ist, zu erkennen, daß jedes Unternehmen nicht etwa mit einer festen Struktur einer relativ überschaubaren Umwelt gegenübertritt, sondern daß im Chaos eine sich ständig ändernde Umwelt kontinuierlich neue Abläufe im Unternehmen auslöst. Der Faktor der Kontrolle liegt dabei nicht mehr in der Struktur, in der Hierarchie, sondern in der Mentalität der jeweiligen Manager. Besser angepaßte Hierarchien können nur Freiräume schaffen.

Diese Freiräume zu nutzen liegt aber bei den einzelnen Managern. Nur sie können die beständigen Prozesse des unternehmerischen Lebens beeinflussen und so manipulieren, daß eine effektive Kontrolle des Chaos möglich wird. Im Chaos entscheiden die ablaufenden Prozesse, wie erfolgreich ein Unternehmen letztendlich sein wird. Die Struktur ist nur die Hülse. Allein der Chaosmanager kann über die Steuerung der kontinuierlichen Abläufe diese äußere Hülse mit erfolgreichem Leben füllen.

Von **Sequenz** zu **Rhythmus**:

Unserem natürlichen Empfinden entspricht es, unser Leben als eine kontinuierliche Abfolge neuer Ereignisse zu sehen. Alles, was geschieht, scheint sich auf einem nach vorwärts gerichteten Zeitstrahl zu bewegen. Entsprechend werden auch die Wirtschaftsabläufe geplant. So spricht man zum Beispiel von der kommenden Rezession. Was dabei aber leicht übersehen wird (obwohl doch ab und zu das Schlagwort von Weimar auftaucht), ist die Tatsache, daß es, sogar in regelmäßigen Abständen, immer wieder einmal eine Rezession gibt. Natürlich kennt praktisch jeder Manager die Kondratieffschen Zyklen. Diese Kenntnis nützt jedoch nicht viel, wenn der Manager in der Krise die zyklische Natur der Wirtschaftsabläufe prompt vergißt.

Lange vor Kondratieff hat Musashi bereits den zyklischen Ablauf fast aller ernsthaften strategischen Probleme erkannt. Für ihn ist dieses Bewußtsein der zyklischen Natur strategischer Problemstellungen daher auch ein Kernpunkt seines Kontrollansatzes. Allein in der Finanzwelt scheint man das Konzept des antizyklischen Handelns ernst zu nehmen. In anderen Bereichen wird eifrig auch hochqualifiziertes Personal abgebaut, werden wichtige Chancen in den Wind geschlagen, sobald sich auch nur das geringste Anzeichen einer Krise auftut.

Was in der anfänglichen Panik leicht übersehen wird, ist die

Tatsache, daß am Ende des Zyklus wieder ein Bedarf nach qualifizierten Mitarbeitern auftreten wird und daß man dann plötzlich wieder emsig nach Marktchancen suchen wird. Jede Aktion und jede Planung, die diese rhythmischen Verhaltensweisen der Wirtschaft außer acht läßt, ist deshalb langfristig nicht sehr effektiv.

Ähnliches gilt allgemein für die Aktionen eines Unternehmens. Jeder gute Chaosmanager wird sich des zyklischen Charakters der Abläufe bewußt sein und aus angemessenem antizyklischem Verhalten entscheidende Vorteile ziehen. Und auch außerhalb gesamtwirtschaftlicher Veränderungen unterliegt jedes Unternehmen einem eigenen Rhythmus. Zeiten hektischer Betriebsamkeit folgen oft Perioden der Erschöpfung. Kaum ein Unternehmen kann ständig auf Hochtouren arbeiten. Dementsprechend zahlt es sich für einen Manger aus, sich dieser unterschiedlichen Rhythmen in seiner Umwelt bewußt zu sein und seine eigenen unternehmerischen Stärken gezielt so einzusetzen, daß er das meiste aus diesen Gegebenheiten macht.

In Zukunft wird die Weltwirtschaft zunehmend von solchen vielfach vernetzten zyklischen Abläufen geprägt sein. Es ist deshalb notwendig, die Ereignisse nicht nur auf einem kontinuierlichen Zeitstrahl zu sehen, sondern sich vor allem auch der Wiederholungen und der zyklischen Abläufe in den verschiedenen Bereichen bewußt zu bleiben und entsprechend darauf zu reagieren.

Von bewußtem Lernen zu ganzheitlichem Absorbieren:

Es wird allgemein anerkannt, daß erfolgreiches Managen bewußte Ausbildungs- und Lernprozesse erfordert. Nicht umsonst werden die besten MBA-Schmieden wie Geheimtips gehandelt und hat sich praktisch ein ganzer Bildungsindustriezweig herausgebildet, der sich durch die Behauptung, qualifizierte Manager heranzubilden, den eigenen profitablen Markt schafft.

Was sich aber erst sehr langsam durchzusetzen scheint, ist die Erkenntnis, daß im Managementbereich ein allzu vereinfachtes Menschenbild schwerwiegende Schwächen bewirkt hat. Was die Psychologen nämlich schon lange wissen, setzt sich im Bereich des Managements erst allmählich durch: Der Mensch ist mehr als nur eine rationale Lernmaschine. Unter dem Aspekt Störfaktor hat man schon längst erkannt, daß der Mensch komplexer ist, als man dies durch ein einfaches Lern- und Verhaltensmodell darstellen könnte. Was aber, wenn man wirklich effektive Chaosmanager entwickeln will, noch kommen muß, ist die Erkenntnis, daß der Mensch auch hinsichtlich seiner persönlichen Schlagkraft als Manager durchaus von seinen unterbewußten Schichten profitieren kann. Wer seine Gesamtpersönlichkeit in sein Training mit einbezieht und mit einbringt, kann einen entscheidenden Vorteil davontragen.

Von reaktiver Methodik zu aktiver Entwicklung:

Sobald neue Probleme auftreten, werden von den Experten entsprechende Methoden und Lösungsansätze entwickelt. Meist sind das renommierte Beratungsfirmen, die Managementexperten der Universitäten und die Lenker und Macher in den großen Konzernen.
Der Rest der Managementwelt übernimmt dann diese neuen Ansätze mit ihren Schlagworten und Ideen. Doch derjenige, der darauf wartet, daß ihm die Experten Lösungen an die Hand geben, ist passiv. Gegenüber seiner Konkurrenz hat er zumindest keinen Vorteil. Denn wenn die anderen Unternehmen nicht gerade schlafen, dann schalten sie auch spätestens dann, wenn die neuen Themen auf den Wirtschaftsbestsellerlisten auftauchen. Nur immer bei den neuesten Methoden auf dem laufenden zu bleiben reicht also nicht aus. Es ist ein passives und langfristig gesehen schwaches Verhalten.
Was Musashi lehrt, ist statt dessen das beständige aktive

Entwickeln neuer, besserer Ansätze zur Lösung der eigenen strategischen Probleme. Nur wer nicht nur passiv reagiert, sondern aktiv Lösungen schafft und dadurch einen formenden Einfluß auf die Marktgegebenheiten ausübt, wird sich in einer Welt zunehmenden Chaos nicht nur behaupten können, sondern sogar echte Wachstumschancen haben.

VORBEMERKUNGEN ZUR PRAKTISCHEN UMSETZUNG DES SAMURAI-FAKTORS

Um die Lehren Musashis optimal für ein Chaosmanagement auszuschöpfen, sollten bestimmte Grundprinzipien beachtet werden, die dem Verständnis dieses Buches zugrunde liegen:
1. Musashi war ein ausgezeichneter Stratege. Er hat dies in seinem eigenen Bereich, dem Schwertkampf und der Schlacht, in beeindruckender Weise zum Ausdruck gebracht. Er hat Prinzipien entwickelt, die auf alle anderen Bereiche, die strategische Anforderungen stellen, übertragen werden können.
Dies gilt vor allem auch für den Managementbereich. Dieser Bereich ist selbst aber wiederum so vielfältig und komplex, weil jeder Wirtschaftssektor, jede Behörde und im Grunde auch jedes Unternehmen seine eigenen Probleme und Gegebenheiten hat. In diesem Buch werden deshalb nur wenige Fallbeispiele angeführt. Es geht darum, die Ansätze Musashis zu verdeutlichen. Die Übertragung auf Ihre jeweilige persönliche Situation wird Ihnen leichtfallen, wenn Sie sich Musashis Konzepte erst einmal bewußt ansehen.
Es gibt noch einen weiteren Grund, warum Fallstudien eher ablenkend wären: Musashis Prinzipien können vor allem auch innerbetrieblich umgesetzt werden. Es wäre (und ist) sicherlich naiv, die Problematik des einzelnen Managers (egal auf welcher Ebene), der er sich bei seiner Arbeit gegenübersieht, auf die neuen Hierarchiekonzepte von Daim-

ler-Benz oder die neue Minicomputerstrategie von IBM zu beschränken. Zu jeder Strategie gehört dort nämlich ein Manager, der gegen manchmal enorme innere Widerstände erst einmal eine solche Vorgehensweise innerbetrieblich an die wichtigsten Entscheidungsträger »verkaufen« konnte.
Ob das in Ihrem eigenen Betrieb leicht oder schwer ist, hängt von Ihrer jeweiligen Situation ab. Das gilt genauso für Manager wie auch für Politiker. Es hat auch nicht unbedingt mit der Position, die man innerhalb der Organisation innehat, zu tun. Egal ob jemand Aufsichtsratsvorsitzender ist oder ein Abteilungsleiter auf der vierten Hierarchieebene, oder der Geschäftsführer einer kleinen Firma, immer wird man dort auf Umsetzungsprobleme stoßen, wo es darum geht, Widerstände in anderen Menschen zu überwinden, zu überzeugen und zu motivieren.
2. Musashi lehrt nicht nur Techniken, sondern eine Seinsweise. Nach seiner Überzeugung ist man entweder immer ein guter Chaosmanager, oder man ist es nicht. Man kann keine Pause vom Chaosmanagement machen, und man wird auch in seinem Beruf nicht besser sein können, als man es privat ist.
Dieser Ganzheitsansatz ist ein Kernpunkt von Musashis Lehre. So schreibt er in seinem »Buch des Wassers«:

Auf dem Weg des Strategen, zum Beispiel im Kampf, darf deine innere Haltung nicht anders sein, als sie es sonst im Alltag auch ist. Egal ob im Frieden oder im Krieg, du mußt immer derselbe bleiben.

Kraß formuliert: Man kann nicht privat eine Niete und beruflich langfristig ein Erfolg sein (und umgekehrt). Man wird auch nicht bei der Arbeit umsichtig und zielgerichtet sein, wenn man privat fahrlässig und unverantwortlich ist. Zumindest langfristig wird eine solche gespaltene Lebenshaltung ihren Preis fordern. Nur aus der ganzheitlichen, wohl integrierten und mit sich selbst harmonisierenden Persönlichkeit wächst die Kraft zu herausragenden Leistungen in allen Lebensbereichen, einschließlich der professionellen Arbeit. Das ist eine Grundthese Musashis und eine Erkenntnis, die heute im Zeitalter des Strebens nach vernetztem Denken wieder unerwartete Aktualität gewonnen hat. Diese neue Betonung der Ganzheitlichkeit kommt denn auch nicht von ungefähr. Die Prinzipien für echten Erfolg, die Ansätze, durch die sich Sieger auszeichnen, waren und sind zu allen Zeiten im Kern gleich.

Diesen Kern bewußt sowohl für das Privatleben als auch für den Manageralltag zu erkennen und umzusetzen, ist eine wichtige Aufgabe für denjenigen, der von Musashis Einsichten profitieren will.

3. Wer Musashi liest, bekommt bald den Eindruck, daß das alles doch so furchtbar einfach klinge. Weshalb brauche ich denn überhaupt solch klare, einfache Anleitung, fragt sich da vielleicht mancher.

Sollte bei Ihnen der Eindruck entstehen, das sei alles ganz einfach, dann können Sie einen leichten Test machen: Fragen Sie sich, ob Sie die nächsten zehn Punkte, die Musashi anführt, wirklich bereits in Ihrer Managementtätigkeit und in Ihrem Privatleben, aus dem die Kraft für Ihre Arbeit erwächst, umgesetzt haben. Sollten Sie bei ehrlichen Antworten zehnmal ein Ja geben können, dann können Sie das Buch erst einmal getrost weglegen. Die Chancen stehen gut, daß Sie bereits ein guter Chaosmanager sind.

Wenn Sie aber erkennen, daß Sie trotz der Einfachheit von Musashis Prinzipien nicht bereits alle umgesetzt haben, dann können Sie sicher sein, daß es sich für Sie lohnen wird, sich von dem großen Meister der Strategie in Chaosmanagement ausbilden zu lassen.

DER FÜNFFACHE WEG ZUM CHAOSMANAGER

In seinem Werk aus fünf Büchern listet Musashi die Schritte zum perfekten Chaosmanagement auf. Jedes der Bücher baut auf dem anderen auf und beschreibt die Stadien, die ein Stratege auf dem Weg zur effektiven Chaosbeherrschung durchlaufen muß.
Im Kern sprechen die Bücher dabei, auf den Managementbereich bezogen, die folgenden Themen an:

DER FÜNFFACHE WEG ZUM CHAOSMANAGER

DAS BUCH DER ERDE:	Der wahre Weg des Chaosmanagers
DAS BUCH DES WASSERS:	Die Macht des klaren, flexiblen Denkens
DAS BUCH DES FEUERS:	Die Überlegenheit der Intuition
DAS BUCH DES WINDES:	Die Schwächen des klassischen Managements
DAS BUCH DER LEERE:	Die Macht des Losgelöstseins von aller gedanklichen Enge

Man darf diese Thematisierung aber im Hinblick auf Musashi nicht allzu ernst nehmen. Wie fast alle entscheidenden Werke aus dem kulturellen Erbe der Menschheit, hat auch Musashi sein *Buch der fünf Ringe* keineswegs linear und systematisch nach Themen verfaßt. Rein intuitiv haben die

alten Meister fast aller Kulturen gewußt, was in unserer modernen Zeit erst durch die Erkenntnisse der modernen Gehirnforschung und der Lernpsychologie wieder als Lehrmethode entdeckt wurde: Inhalte prägen sich vor allem dann durch regelmäßige Wiederholung ins Gedächtnis ein, wenn das Material dabei immer wieder in leicht veränderter und erweiterter Form in unterschiedlichen Kontexten präsentiert wird. Dadurch werden die gelehrten Prinzipien fest in unserem Unterbewußtsein verankert und können dann in unterschiedlichster Ausprägung in unser bewußtes kreatives Denken einfließen. Durch diese Art mentaler Programmierung werden höchst effektive Vernetzungen im Denken ermöglicht, und der Lernende kann aus dem Unterbewußtsein heraus Lösungen entwickeln, die ihm bei rein starrem, systematischem Lernen kaum möglich wären.
Wer Musashis Werk liest, wird leicht erkennen, daß er ein Meister in dieser mentalen Technik war. Obwohl er in jedem der einzelnen Bücher ein anderes Thema aufgreift, läßt er die entscheidenden Grundprinzipien immer wieder in neuen Zusammenhängen und mit einer leicht veränderten Perspektive einfließen. Letztendlich trägt diese Methodik viel zur Effektivität von Musashis Lehren bei.
Andererseits ist unser westliches Denken aber auch auf Systematik ausgerichtet. Wir sind es gewohnt, daß wir nicht nur Informationen unterschiedlichster Art aufnehmen, sondern sie auch bewußt verarbeiten und uns in systematischer Form vor Augen führen. Vor allem im Wirtschaftsbereich hat sich eine solch systematische Aufbereitung von Informationen als wichtiger Faktor für den Erfolg von Unternehmen erwiesen.
Um diesen zwei unterschiedlichen Ansätzen gerecht zu werden, werden zu jedem der fünf Bücher Musashis zwei unterschiedliche Teile dargestellt: Zuerst kommt eine Art programmierte Unterweisung, die in enger Anlehnung an Musashis eigene Vorgehensweise erfolgt. In einem zweiten Teil werden dann die wichtigsten Aussagen des jeweiligen Bu-

ches in systematischer und schematischer Form noch einmal wiederholt. Aus dieser Systematik kann dann leicht ein persönliches Trainingsprogramm abgeleitet werden.
Optimale Ergebnisse erzielen Sie dadurch, daß Sie zuerst zu jedem der fünf Bücher die programmierte Unterweisung unvoreingenommen und ohne ein Bemühen um eine systematische Erfassung der Zusammenhänge durchlesen. Danach können Sie die wichtigsten Punkte anhand der anschließenden Systematik noch einmal rekapitulieren. Mit der Systematik im Hinterkopf können Sie dann noch einmal den programmierten Teil durchlesen und die Lehren Musashis tief in ihr Unterbewußtsein aufnehmen. Wenn Sie sich für jedes der Bücher entsprechend Zeit nehmen und es wirklich auf sich einwirken lassen, werden Sie bald mit Erstaunen feststellen, daß Musashi ganz unmerklich auch in Ihren betrieblichen Alltag Einzug halten wird. Bei so manchen Konflikten oder Herausforderungen werden Ihnen die Worte Musashis in den Sinn kommen, und Sie werden allmählich damit beginnen, gemäß seinen Prinzipien effektivere Entscheidungen zu treffen und chaosgerechter zu handeln.
Jedes der fünf Bücher Musashis stellt in gewissem Sinne eine in sich geschlossene Einheit dar. Sie können auch Ihr Bewußtsein für ein spezielles Buch dadurch schärfen, daß Sie in der Zukunft gelegentlich einfach eines der Bücher herausgreifen und die Prinzipien des Chaosmanagements in der Gewichtung, die sie gerade in dem jeweiligen Buch erfahren, in ihr Unterbewußtsein aufnehmen. Auch der jeweils am Ende eines jeden Buches dargelegte Maßnahmenkatalog ist so verfaßt, daß er auch für sich allein genommen ein schlüssiges und abgerundetes Ganzes bildet.
Einer Sache sollten Sie sich stets bewußt bleiben: Für die Umsetzung von Musashis Weg ist vor allem auch Gelassenheit wichtig. Lassen Sie die Dinge einfach auf sich einwirken, und beginnen Sie mit Ruhe und Gelassenheit das Gelernte ganz allmählich in Ihre Arbeit und Ihr persönliches Leben zu integrieren.

Was Musashi beschreibt, ist ein lebenslanger Weg zu zunehmender professioneller und persönlicher Effektivität. Was zählt, ist, daß Sie zuerst den ersten Schritt machen und dann den somit eingeschlagenen Weg mit Beharrlichkeit weitergehen. Der Erfolg dieser Bemühungen wird sich dann im Laufe der Zeit praktisch von ganz alleine einstellen.

DAS BUCH DER ERDE

PROGRAMMIERTE UNTERWEISUNG

Im »Buch der Erde« gebe ich einen Überblick über den Weg des Strategen, eine Erläuterung über die Philosophie und die Grundprinzipien meiner eigenen Schule. Allein durch Schwerttechniken kann der wahre Weg der Strategie nicht erfahren werden. Er muß von den kleinen zu den großen Dingen, vom Flachen zum Tiefen hin verstanden werden. Da es die solide Grundlage für einen geradlinigen Weg vermittelt, wird dieses erste Buch das »Buch der Erde« genannt.

So beginnt Miyamoto Musashi sein erstes Buch des Zyklus der fünf Ringe. Er erläutert die Grundprinzipien seines eigenen Weges und beschreibt die grundlegenden Aspekte, in denen erfolgreiches Chaosmanagement wurzeln sollte:

Zu Anfang des Buches betont Musashi, daß eine erfolgreiche Beherrschung des Chaos beim Manager und Strategen selbst ansetzen muß. Die erste Strategie, die ein Manager braucht, ist eine Strategie für sein eigenes Leben. Er hebt die Problematik damit von Anfang an auf die persönliche Ebene:

Bei allem, was man tut, kann man auch in die Irre gehen – selbst wenn man einen Weg täglich eifrig übt. Sobald man im Geiste auch nur geringfügig abweicht, befindet man sich objektiv gesehen nicht mehr auf dem wahren Pfad, auch wenn man sich dessen noch gar nicht bewußt ist. Wenn man nicht vorsichtig ist, wird aus einer anfänglichen kleinen Abweichung am Ende eine große Abweichung. Das sollte man sorgfältig bedenken.

Nur wer weiß, wo er eigentlich hingeht, und vor allem, welches Ziel er wirklich anstreben möchte, kann auch andere erfolgreich führen und motivieren. Der erfolgreiche Stratege muß also zuerst seinen eigenen Weg analysieren.
Ein erfolgreicher Manager muß wissen, wozu er da ist, was seine eigenen Ziele und Aufgaben im Leben sind. Er braucht ein »Mission Statement« für sein eigenes Leben, denn – so Musashi – egal, welchen Weg man wählt, man kann ihn nur dann erfolgreich gehen, wenn man ihn mit ganzer Kraft geht.
Am Anfang einer jeden Managementkarriere sollte also eine gründliche Bestandsaufnahme der eigenen Ziele und Werte stehen.
Vor allem in unserer Zeit, in der sich die Einflüsse auf die Person des Managers und das ihn betreffende Anforderungspotential beständig verändern, muß der Manager Chaosmanagement auch ganz persönlich einsetzen. Er muß seinen Weg als Manager sorgfältig planen und ständig an neue Erfordernisse anpassen, wenn er erfolgreich sein will. Dieser ganzheitliche Ansatz entspricht auch zunehmend den Bedürfnissen der heutigen Mitarbeiter und Führungskräfte. Denn nach dem Sinn der eigenen Arbeit zu fragen, wird von immer mehr Menschen als notwendiger Bestandteil des Berufslebens gesehen. Auch darin ist Musashi also äußerst »modern«.
Das sind natürlich Aspekte, die in den klassischen Managementansätzen weitgehend vernachlässigt wurden. Gerade aber in der Chaosforschung gewinnen sie zunehmend an Bedeutung. Gemäß der Chaostheorie können kleinste Unterschiede in den Anfangsbedingungen zu letztendlich großen Abweichungen in den Resultaten eines Prozesses führen.
Ein Manager, der in dieser Hinsicht nicht optimal motiviert ist und sein Leben als Ganzes nicht ausreichend unter Kontrolle hat, kann dadurch für das Unternehmen langfristig große Nachteile bewirken.

Solche Aspekte sind bisher oft übersehen worden. Der Hauptgrund ist, daß diese Effekte in der Praxis kaum nachweisbar sind. Trotzdem wird jeder erfahrene Manager leicht Situationen erkennen, in denen in der Vergangenheit allein wegen Kleinigkeiten bestimmte wichtige Aufträge verlorengingen, bestimmte Marketingstrategien intern verworfen wurden, die später von der Konkurrenz mit Erfolg eingesetzt wurden, etc. Und auch in der persönlichen Karriereplanung lassen sich solche kleinen Unterschiede mit großen Auswirkungen leicht identifizieren.

Eine Konsequenz, die Musashi aus solchen Gegebenheiten zieht, ist, daß man sich nicht den Luxus erlauben sollte, mit einem ungeplanten persönlichen Leben in strategische Aufgaben zu gehen. Je optimaler man alle Aspekte im Griff hat, desto besser.

Ohne eine klare persönliche Zielsetzung hinsichtlich der Werte, die man auch in seinem Berufsleben verwirklichen möchte, ist die eigene Entscheidungsarbeit schwierig. Mit zunehmender ethischer Brisanz der Managemententscheidungen, sei es hinsichtlich der Umweltbelastung oder der Anwendung neuer Technologien (wie der Gentechnik) oder auch nur im Hinblick auf die soziale Verantwortung bei Investitions- und Standortentscheidungen, wird es ohne möglichst klare persönliche und unternehmerische Wertvorstellungen schwierig werden, die in schneller Abfolge anstehenden Entscheidungen sicher und zügig zu treffen.

Der ganzheitliche Ansatz wirkt sich aber auch noch in anderen Bereichen aus. Ein einfaches Beispiel ist das Interesse, das es seit einiger Zeit für das Thema »Fitneß für Führungskräfte« gibt. Das Augenmerk vieler Unternehmen wird mittlerweile darauf gerichtet, daß eine erfolgreiche Managertätigkeit allein durch schlechte Gesundheit sabotiert werden kann. Wer den »Weg des Managers« mit aller Konsequenz gehen will, wird also auf den Erhalt seiner körperlichen und geistigen Leistungsfähigkeit achten und auch seine Freizeit entsprechend gestalten (also bewußt in einem bestimmten Land Urlaub machen, um es besser kennenzulernen, bewußt bestimmte Literatur, Romane etc. lesen, aber auch bewußt entspannen und Zeit dafür einplanen, seine »geistigen Batterien« in regelmäßigen Zeitabständen wieder aufzuladen).

Aber einen bestimmten Weg zu gehen setzt voraus, daß man sich bewußt gemacht hat, weshalb man diesen Weg überhaupt gehen will. Letztendlich, und laut Musashi wird dies im Weg des Kriegers vielleicht am deutlichsten zum Ausdruck gebracht, besteht das Leben aus einer endlosen Reihe von Auseinandersetzungen. Diese Auseinandersetzungen sind es, worauf wir uns konzentrieren müssen. Musashi erkennt an, daß diese Auseinandersetzungen durchaus auch andere Menschen, unkontrollierbare Umstände oder unvorhergesehene Ereignisse mit einschließen können. Letzten Endes aber läuft diese Summe der täglichen Auseinandersetzungen auf einen Kernpunkt hinaus: Sie findet mit dem Leben selbst statt, und der einzige Faktor, den wir wirklich unter Kontrolle bekommen müssen, über den wir auf jeden Fall triumphieren müssen, wenn wir erfolgreich sein wollen, ist die Schwäche, die Tendenz zum Mißerfolg in uns selbst. Wenn wir diesen Faktor wirklich beherrschen lernen, dann werden wir die Auseinandersetzung mit dem Leben siegreich überstehen.

Natürlich ist es ratsam, das Schlachtfeld selbst zu wählen, wenn man die Möglichkeit dazu hat. In diesem Sinne sagt Musashi praktisch, daß die Berufswahl bewußt, unter Berücksichtigung unserer eigenen Wesensart und verbunden mit einem sicheren Sendungsbewußtsein getroffen werden sollte. Und, wie er selbst in seinem Leben bewiesen hat, indem er sich mit dreißig Jahren vom aktiven Kriegsdienst zurückgezogen hat: selbst die Entscheidung, auszusteigen oder umzusatteln, muß auf einem klaren Sendungsbewußtsein beruhen.

Man muß sich also klar darüber werden, welchen Weg man gehen will, und dann diesen Weg bewußt, konsequent und mit aller Kraft gehen.

Egal welchen Weg man für seinen Beruf wählt, Musashi betont, daß man von vorneherein eine gewisse ethische Grundhaltung einnehmen muß. Jeder Weg, den man für sich selbst wählt, sollte einen persönlichen Beitrag zum Allgemeinwohl leisten. Und er sollte auf festen ethischen Prinzipien fußen. Man sollte also bereits am Anfang seiner Managerkarriere für sich selbst deutlich herausstellen, daß man nicht alles, was machbar ist, auch dann machen wird, wenn es gegen das eigene Gewissen verstößt. Charakterliche Integrität sollte am Anfang der Karriere bereits als fester Bestandteil und als letztendliches Ziel aller eigenen Aktivitäten stehen. Der persönliche Gewinn darf also für einen selbst bei der Wahl eines Weges nicht etwa im finanziellen Bereich liegen, sondern muß aus der Befriedigung über das erfolgreiche Gehen des gewählten Weges erwachsen.

Das Ziel eines jeden Weges ist laut Musashi das Erreichen objektiver Weisheit und objektiv korrekten Verhaltens.

Das mag hochgestochen klingen, aber im Militärbereich hat sich schon lange gezeigt, daß Krieger nur auf die Dauer erfolgreich sind und das nötige Durchhaltevermögen haben, wenn sie an den Wert der von ihnen vertretenen Sache glauben und aus diesem Glauben persönliche Kraft ziehen.

In dem Buch »The Warrior's Edge« der Militärexperten Alexander, Groller und Morris, das erst kürzlich von der US-Armee freigegebenes Material enthält, heißt es: »Der Krieger ... muß an eine höhere Wahrheit glauben ... Der Krieger schafft sich sein eigenes Schicksal. Er definiert die Grenzen seiner eigenen Möglichkeiten. Er erschafft sein eigenes Glück.« Das gleiche kann man auch für den Manager sagen. Seine Überzeugungen und Werte haben einen wichtigen Einfluß darauf, wie erfolgreich er in seiner Arbeit sein wird.

Zudem kommt noch der soziale Aspekt hinzu. Das Chaos ist kein lokalisiertes Phänomen, und deshalb darf man das Chaos auch nicht als isoliertes Problem angehen. Jede Firma, die nicht alle Entwicklungen ihres eigenen Umfeldes zumindest kritisch würdigt, um zu analysieren, inwieweit Entwicklungen im politischen, sozialen, technischen oder wissenschaftlichen Bereich ihre eigene Existenz und ihre eigenen Pläne und Ziele tangieren, wird sich kaum noch lange auf dem Markt halten können. Immer mehr spielen auch ethische Gesichtspunkte schon allein als Geschäftspolitik eine entscheidende Rolle. Niemand wird sich lange behaupten können, wenn er sich als unverantwortlich in Umweltfragen erweist. Die Anforderungen an die Ehrlichkeit im Umgang mit dem Verbraucher steigen, und gemeinnützige Organisationen stellen sicher, daß sich Firmen da auch an entsprechende Prinzipien halten.

In ähnlicher Weise wird auch der Manager in seinem Privatleben einen umfassenden Ansatz brauchen. Er muß wissen, wohin sich sein Leben als Ganzes bewegt. Er darf sich nicht nur auf Einzelprobleme konzentrieren. Wer im Chaosmanagement erfolgreich sein will, muß in allen Bereichen auf festen Füßen stehen.

Das sind natürlich Aspekte, die auf den Universitäten, vor allem im deutschen Sprachraum, immer noch zu kurz kommen. Meistens wird im Studium nur rein technisches, fachliches Wissen vermittelt. Soziale und psychologische Erfolgsfaktoren kommen höchstens nebenbei zum Tragen. Erst wenn er als Manager später voll im Streß steht, kann der Stratege erkennen, wie wichtig vor allem auch die menschlichen Faktoren sind, wenn die Zeiten turbulenter werden, wenn man plötzlich auf Teamarbeit oder Verständnis bei den Mitarbeitern angewiesen ist, wenn man es schaffen soll, auch extreme Belastungen ohne Versagen und ohne gefährliche Krücken wie Alkohol, Medikamente oder Drogen zu überstehen. Dann besucht man plötzlich Seminare zum Thema Selbstmanagement oder Selbstcoaching. Erst wenn Probleme in der Familie die Energie von der Manageraufgabe abziehen, wird dem Manager oder Unternehmer bewußt, daß er auf Dauer nur Höchstleistungen erbringen kann, wenn er sein Leben insgesamt unter Kontrolle hat.

Schätzungen gehen davon aus, daß jede fünfte deutsche Führungskraft regelmäßig unter Drogen steht (siehe !Forbes 2/1993). Frühzeitiges strategisches Selbstmanagement kann den Druck deutlich verringern – nach Musashi eine absolute Voraussetzung, um langfristig zu den Siegern zählen zu können.
Scharf kritisiert Musashi in diesem Zusammenhang auch die Tendenz seiner Zeitgenossen, sich selbst als Ware auf dem Markt der Möglichkeiten feilzubieten.
Er würde es als einen falschen Start ansehen, wenn man sich lediglich als Arbeitskraft verdingt und seine Talente, Fertigkeiten und Erfahrungen wie ein Produkt verkauft. Denn auf diese Weise werden nur die Oberflächlichkeiten betont. Musashi würde einem Mann, der sich wie eine Ware verkauft, den Tiefgang absprechen, der erforderlich ist, um auch in Zeiten der Krise das Chaos unter Kontrolle zu halten.
Diese Prinzipien sind bei der Mitarbeiterauswahl zu beachten, und man sollte auch seine Einstellung zur eigenen Arbeitsleistung in dieser Hinsicht überprüfen. Denn wer wirklich erfolgreich sein will, darf nicht mit einer oberflächlichen Einstellung an seine Arbeit herangehen. Jede echte Leistung ist gewöhnlich das Produkt des ganzen Menschen und nicht nur das Ergebnis eines Tausches bestimmter Fertigkeiten für eine bestimmte Zeit gegen Bezahlung. Am Beispiel der Schwertkunst führt Musashi aus:

Die Schwertkunst ist sicherlich eine der Kriegskünste. Aber ihr praktischer Nutzen ist keineswegs nur auf den Schwertkampf beschränkt. Ihr wahrer Kern geht in seinem Wert weit über die technischen Aspekte des Schwertkampfes hinaus.

Heutzutage werden viele Künste und Fertigkeiten zum Verkauf feilgeboten. Der Mensch sieht sich dabei nur als Verkaufsobjekt. Man entwickelt dazu unterschiedliche Techniken und Fertigkeiten. Das ist so, als würde man die Blüte mehr als die Frucht achten. Dabei werden dann lediglich allerlei Fertigkeiten zur Schau gestellt ... Man denkt nur an den Gewinn und entwickelt zu diesem Zweck hastig oberflächliche Techniken.

Die Fähigkeit, in eine Aufgabe ganzheitlich hineinzuwachsen, erfordert Zeit. Wer nur auf schnellebigen Gewinn aus ist, wird dabei der Blüte (den persönlichen Talenten, Fertigkeiten, der eigenen Persönlichkeitsentwicklung) nicht die nötige Zeit geben, zur vollen Frucht des effektiven Chaosmanagers heranzureifen. Ohne diese reife Frucht bleibt aber alle Arbeit auf der oberflächlichen Ebene der reinen Technik stehen. Für Musashi ist eine völlige Beherrschung der Technik allein nie ausreichend.
Jeder, der sich schon einmal in ein relativ neues Aufgabengebiet einarbeiten mußte, wird sicherlich zustimmen, daß es einer gewissen Zeit voll persönlichem, ernsthaftem Einsatz bedarf, bevor man das neue Gebiet wirklich meistert und als echter Fachmann effektiv darin arbeiten kann. Selbst bei besten Talenten benötigt man eine Zeitspanne des Vertiefens in eine Materie, bevor man sie wirklich beherrscht. Und auch der Gesamtaspekt der Führungsaufgabe erfordert persönliches Engagement und eine Reifezeit. Wenn man dem Vorbild Musashis folgen will, dann sieht man diese Reifezeit als einen lebenslangen Prozeß, bei dem man immer mehr in seinen »Weg« hineinwachsen und über die Jahre zunehmend erfolgreicher werden wird.
Erst aus dieser Gesamtentfaltung der eigenen Persönlichkeit erwächst dann auch die Kraft zur intuitiven Kontrolle selbst weitgehend chaotischer Zustände.
Stabilität durch allumfassende Entwicklung eines eigenen Weges ist also für Musashi der erste Schritt zur strategischen Kontrolle aller möglichen gegenwärtigen und zukünftigen Zustände. Die Stabilität erwächst dem Chaosmanager daraus, daß er ständig an sich selbst arbeitet.
Hat man sein Feld wohl gewählt und führt die Auseinander-

setzung nach den rechten Prinzipien, dann hat man auch eine echte Chance, das, was für jeden Menschen die wichtigste Aufgabe ist, zu verwirklichen: Man wird erfolgreich einen andauernden Prozeß eigener Vervollkommung durchlaufen. Wer dabei auch anderen Menschen auf ihrem Weg zur Vollkommenheit helfen will, der muß dabei eines beachten: Ein erfolgreicher Stratege und Führer muß sich um Selbstdisziplin bemühen.

<u>Bevor man das Chaos kontrollieren kann, muß man sich selbst kontrollieren lernen.</u>

Jeder Mensch hat persönliche Schwächen, ureigenste Ängste, Unsicherheiten und Minderwertigkeitsgefühle in bestimmten Bereichen und Aspekten seines privaten und sozialen Lebens. Deshalb ist es besonders wichtig, daß man sich unter Kontrolle hält, wenn man andere Menschen führen will. Unsere Unsicherheiten können unsere Entscheidungen in irrationaler Weise beeinflussen. Wir dürfen dies nicht zulassen.

Das trifft auch auf die Zuteilung von Aufgaben an Mitarbeiter zu. Nur weil man jemanden mag, heißt das noch lange nicht, daß er für eine verantwortungsvolle Aufgabe geeigneter ist als jemand, mit dem man nicht so gut auskommt. Es kann sein, daß wir Vorurteile gegen bestimmte Mitarbeiter haben, die lange in unserer Vergangenheit begraben liegen.

Vielleicht mögen wir keine großen Menschen, weil wir selbst eher klein sind, oder wir mögen keine übergewichtigen Menschen, weil wir entsprechende Vorurteile übernommen haben oder auch aufgrund schlechter Erfahrungen mit einzelnen Personen. Vielleicht haben wir Vorurteile gegen kleine Menschen, weil jemand, der kleiner als wir war, uns irgendeinmal durch Täuschung hereinlegen konnte, weil wir ihn unterschätzten.

Solche Motivationen können aus der ersten Schulklasse stammen oder aus frühester Kindheit oder aus unserer Pubertät.

Vielleicht mögen wir keine Theoretiker, weil wir selbst nicht das geistige Rüstzeug für tiefschürfende Theorien haben und von Neid oder Furcht motiviert werden, oder wir halten nicht viel von notorischen Praktikern, weil wir sie für zu oberflächlich halten und ihrem Urteil nicht trauen.

Auf der anderen Seite können wir Leute aus verborgenen, irrationalen Gründen bevorzugen und fördern, obwohl sie, objektiv betrachtet, kaum etwas leisten und auch wenig Talent zu herausragender Leistung haben.

Vielleicht haben wir selbst Angst vor neuen Technologien und wollen deshalb kein neues Computersystem einführen, obwohl es die Arbeit in unserem Betrieb wesentlich rationalisieren und die Qualität verbessern könnte.

Es gibt in dieser Hinsicht sicherlich unzählige Möglichkeiten, wie wir uns durch irrationale Beweggründe davon abhalten lassen können, wirklich objektiv Menschen und Umstände zu beurteilen und dadurch effektiv zu führen.

Musashi warnt ernsthaft davor, diesen Impulsen nachzugeben und zuzulassen, daß die eigene Entscheidung von persönlichen Neigungen und Vorlieben geprägt wird.

Mit anderen Worten, nur weil man lieber ans Meer ziehen würde, sollte man nicht unbewußt den Standort der geplanten Industrieanlage nach diesen Gesichtspunkten auswählen, wenn es betriebswirtschaftlich gesehen vernünftigere Lösungen gibt.

Solche Beispiele scheinen weit hergeholt, aber nicht immer sind es rein rationale betriebswirtschaftliche Überlegungen, die eine Investition in den neuen Bundesländern weniger attraktiv erscheinen lassen oder die ein Engagement in einem anderen Land nahezulegen scheinen.

Besonders brisant wird es, wenn man es mit Verhandlungspartnern aus anderen Kulturkreisen zu tun hat. Obwohl der ostasiatische Wirtschaftsraum zunehmend an Bedeutung gewinnt, fällt es doch manchen deutschen Managern schwer, sich mit den verschiedenen Kulturen dieses Bereiches vertraut zu machen.

Der erste Schritt zur Absicherung gegen rein emotionale und unbewußt gefärbte Einflüsse liegt darin, sich der potentiellen Problematik überhaupt bewußt zu werden. Man muß einfach akzeptieren, daß jeder Mensch Mauern im Kopf hat, die es zu erkennen und einzureißen gilt, will man nicht zu schwerwiegenden Fehlern verleitet werden.
Besonders gefährden diese Mauern natürlich unsere Managementfähigkeit, wenn wir neue Ansätze, die sich letztendlich in unserer Branche als entscheidende Wettbewerbsfaktoren erweisen werden, nur deshalb zu lange ablehnen, weil wir eine Abneigung dagegen haben, die nicht auf der Kenntnis einer nur begrenzten Leistungsfähigkeit des Ansatzes beruht, sondern allein auf ganz persönlichen Haltungen, die wiederum in eigenen Unsicherheiten und alten Problemen wurzeln.
In dynamischen Systemen ändern sich die jeweiligen Bedingungen fast ständig. Entsprechend muß sich auch das eingesetzte Instrumentarium ständig ändern. Wer sich von in seiner Persönlichkeit verwurzelten irrationalen Impulsen davon abhalten läßt, das jeweils beste Instrumentarium einzusetzen, wird oft im Nachteil sein.
Einen solchen Nachteil können wir nur dadurch vermeiden, daß wir immer auch unseren eigenen Motiven gegenüber mißtrauisch sind und die Selbstdisziplin üben, die notwendig ist, um wirklich erfolgreich zu führen.
Das gleiche gilt natürlich auch für die Bedürfnisbefriedigung, die objektiv gesehen keinen sinnvollen Zwecken dient. Ein Manager darf vor allem nicht seine Position mißbrauchen, um sein unterschwellig schwaches Ego zu stützen oder reinen Machthunger zu stillen etc.
Zuerst muß man sich also selbst kontrollieren lernen, dann kann man diese Kontrolle auch auf den Bereich ausdehnen, für den man sich entscheidet.
Es ist falsch, statt einer eingehenden Analyse der eigenen Persönlichkeit und Ziele seine Dienste einfach wie billige Ware jedem anzubieten, der bereit ist, einen angemessenen Preis dafür zu bezahlen.

Erfolgreiches Leben ist ein Prozeß der Kontrolle. Mit anderen Worten: *Ein guter Manager managt zuerst sich selbst.* Hat er dieses Prinzip erst einmal verwirklicht, dann ist er leicht in der Lage, seinen Einfluß in jede Richtung zu lenken, die er anstreben möchte. Wer fest an die moralische Richtigkeit seines Weges glaubt, wird kaum zu übertreffen sein.

Ein anderes wichtiges Prinzip ist die *bewußte Schaffung von Freiräumen für Flexibilität.*

Jeder Manager, will er die »Waffen« seines Berufes sinnvoll einsetzen, muß sich ein wichtiges Prinzip vor Augen halten: Seine Entscheidungen können nur auf den Fakten und Methoden basieren, die ihm bekannt sind. Musashi formuliert dies für den Weg des Kriegers:

Wenn ein Samurai (oder ein Manager – Anm. d. Verf.) die unterschiedlichen Waffen nicht richtig versteht und beherrscht, wie kann er da mehr als nur oberflächliche Leistungen erbringen?

Die Konsequenz ist, daß ein erfolgreicher Manager ständig flexibel und vielschichtig interessiert in seinem Denken bleiben muß. Bevor er sich für eine bestimmte Möglichkeit entscheiden kann, muß er auch alle anderen kennen. Man muß also ständig umfassend über alle Entwicklungen, die das eigene Arbeitsgebiet beeinflussen können, informiert bleiben. Man braucht Informationen für Entwicklungen auf dem Gebiet, auf dem man tätig ist. Aber man braucht auch Informationen über die verschiedenen Managementmethoden, über neue Trends auf dem Markt, ja selbst über neue Erkenntnisse in der Psychologie oder über neue Rechtsansätze. Welches Computersystem für welche Anwendung geeignet ist, hängt zum Beispiel nicht nur von der jeweiligen Leistung des Systems ab, sondern auch davon, inwieweit für dieses System auf dem Markt breitgefächert Anwendungssoftware entwickelt wird. Und nicht immer muß das beste Betriebssystem auch der größte Marketingerfolg sein. Je er-

folgreicher aber ein System ist, desto mehr Softwarehäuser entwickeln Programme für den Computermarkt. Deshalb kann ein schlechteres System eine bessere Investition sein, da für dieses System durch besseres Marketing in den kommenden Jahren bessere und billigere Anwendungssoftware zu erwarten ist. Ein anderer Aspekt mag der juristische sein. Ein Computersystem mag zwar preisgünstiger sein, bietet aber vielleicht keinen adäquaten Datenschutz, und diese Mängel auszugleichen könnte eine größere finanzielle Belastung darstellen als ein teureres System.
Dabei ist es auch wichtig, auf entscheidende Trends zu achten. Man sollte in die Bereiche investieren, die in den kommenden Jahren dem Stand der Technik entsprechen werden und die auch in sozialer und rechtlicher Hinsicht den absehbaren Entwicklungen Rechnung tragen. Trendbeobachtung wird damit zu einem entscheidenden Faktor für jedes Unternehmen.
Selbst bei ausgezeichneten Mitarbeitern muß ein Manager in der Lage sein, selbst die richtigen Fragen bei allen Entscheidungen zu stellen. Er hat oft seine Experten, die ihm dann diese Fragen beantworten können, aber er muß selbst wissen, welche Fragen er zu stellen hat. Das ist eine Managementfunktion, die ihm seine untergeordneten Mitarbeiter nicht abnehmen können. Zumindest wird ein guter Manager nicht davon abhängig sein, daß ihn seine Mitarbeiter auf wichtige übergeordnete Zusammenhänge hinweisen. Er muß selbst wissen, welche Abteilungen bei der Planung welcher Vorhaben einzuschalten sind und wann er rückfragen muß, um alle wichtigen Aspekte mit abzudecken.
Wer sich die Entwicklungen vor allem in großen Konzernen ansieht, der wird leicht erkennen können, daß solche Verhaltensweisen keine Selbstverständlichkeiten sind. Munter wird da auch an renommierter Stelle an Automodellen gebastelt, die völlig dem Trend entgegenstehen, benehmen sich Computergiganten in einer Weise, daß sie in der Presse als Dinosaurier bezeichnet werden, usw.
Der Rat von Musashi ist, alle verfügbaren Waffen und

Werkzeuge gut zu kennen, damit man ihre Nützlichkeit bei der Lösung anstehender Probleme richtig einschätzen kann. Von selbst versteht sich dabei natürlich, daß es nicht genügt, wenn man einmal vor Jahren bestimmte Aspekte gut im Griff hatte. Man muß ständig auf dem laufenden bleiben. Musashi zumindest scheint viel von dem Prinzip »Wer rastet, der rostet« zu halten.

Das Befassen mit einem breiten Instrumentarium ist besonders wichtig, weil es sich bei Musashis Methode um die Entwicklung der richtigen strategischen Intuition handelt. Selbst in unserer westlichen Forschung hat sich mittlerweile gezeigt, daß unser Unterbewußtsein bei unseren Entscheidungen eine wesentlich wichtigere Rolle spielt, als man früher angenommen hatte. Wer sich also möglichst vielen Einflüssen aussetzt, an möglichst vielen Seminaren teilnimmt, breitgefächert liest etc., der »füttert« damit auch sein Unterbewußtsein und wird damit die Schärfe seiner Intuition, die vor allem in chaotischen Situationen zum Ausdruck kommen soll, erhöhen.

Ein weiteres Prinzip ist, Aufgaben nur an Mitarbeiter zu verteilen, die dafür wirklich qualifiziert sind.

Jeder Manager wird dies natürlich als eine Selbstverständlichkeit erachten. Aber in unserer Welt der formalen Erziehung geht dieser Aspekt trotzdem oft verloren. Um eine Aufgabe richtig erfüllen zu können, reicht es nicht aus, das richtige Diplom einer Universität oder sonst irgendeine begehrte Bescheinigung vorweisen zu können. Selbst gute Noten sind da nur ein schwaches Indiz der echten Leistungs- und Denkfähigkeit.

Unausgesprochen liegt in dem Hinweis, Mitarbeiter effektiv einzuteilen, natürlich eine Forderung: Ein guter General muß seine Soldaten kennen. Wer wissen will, welcher seiner Mitarbeiter für eine bestimmte Aufgabe besonders geeignet ist, muß die persönlichen und professionellen Stärken und Schwächen seiner Mitarbeiter möglichst gut kennen. Lediglich die Personalakte zu studieren, reicht da nicht aus. Für einen guten Manager ist es deshalb entscheidend, *persönlich mit den Stärken und Schwächen wichtiger Mitarbeiter vertraut zu sein.*

Die japanischen Manager folgen diesen Prinzipien Musashis: Normalerweise ist jede Anstellung bei einer japanischen Firma eine lebenslange Anstellung. Ein Japaner konnte bis vor gar nicht allzu langer Zeit im Normalfall nur dadurch seine Stelle verlieren, daß seine Firma pleite ging. Dadurch wird natürlich auch das Firmeninteresse zu einem Faktor, der für den Arbeiter von Bedeutung ist. Und eine solche Situation fördert enorm die Möglichkeiten der Manager, herauszufinden, welche Eigenschaften jeder Arbeiter hat, und entsprechend Verantwortungen zu verteilen.

Wenn statt dessen ständig neue Leute in die Abteilungen kommen, wird es viel schwerer, zu beurteilen, wer die beste Person für eine bestimmte Aufgabe sein mag.

Um dieses gegenseitige Kennenlernen zu fördern, werden zudem in Japan die Schranken zwischen den verschiedenen Verantwortungsebenen möglichst niedrig gehalten. So essen alle in den gleichen Kantinenräumen und benutzen die gleichen Waschräume.

Nach Musashi muß ein guter Führer aber nicht nur die Fähigkeiten seiner Leute kennen:

Der Schreinermeister (wie auch der Manager – Anm. d. Verf.) muß nicht nur das Ausmaß der Fähigkeiten seiner Leute kennen und ihnen entsprechend die Aufgaben zuteilen und ... seine Leute so einsetzen, daß die Produktivität gesteigert wird ... Die Aufgaben werden erst dadurch gut erfüllt, daß nichts nur halbherzig erledigt wird. Man muß wissen, wann und wo Leute und Mittel eingesetzt werden. Man muß wissen, wie sich die Arbeiter fühlen. Wo es erforderlich ist, muß man Ermutigung geben und auch die Grenzen seiner Leute kennen.

Dies sind sicherlich hilfreiche Ratschläge für die Personalführung, denn es ist immer noch nicht selbstverständlich, daß ein Manager Ermutigung seiner Mitarbeiter für eine wichtige Aufgabe hält. Wie oft fragt sich ein Manager, ob seine Mitarbeiter das Gefühl haben, ihren Bedürfnissen und Träumen näher zu kommen, indem sie mit aller Kraft dazu beitragen, daß die Firma erfolgreich ist? Ein guter Chaosmanager wird Visionen für seine Mitarbeiter schaffen. Er wird ihnen eine positive erstrebenswerte Zukunft vor Augen führen, und das nicht nur für das Unternehmen. Er wird ihnen ganz gezielt eine Vision darüber vermitteln, wie das Unternehmen ihnen dabei helfen wird, persönliche Träume und Wünsche zu erfüllen.

Falls dies aber nicht geschieht, dann wird ein Problem, das in den USA bereits als wichtiger Faktor eingeschätzt wird, auch bei uns immer häufiger auftreten: In vielen Firmen richten manche Mitarbeiter ihre Ratschläge mehr an ihren eigenen Karrierewünschen als am allgemeinen Wohl der Firma aus. Nur wer es schafft, den Firmenerfolg mit dem persönlichen Erfolg der Mitarbeiter zu verbinden, kann langfristig ein schlagkräftiges Team zusammenstellen und effektiv arbeiten. Dabei geht es nicht nur um die Vermeidung der berüchtigten inneren Kündigung, sondern auch darum, schlichtweg egoistische Managemententscheidungen einzudämmen.

Der Zimmermann braucht gute Werkzeuge. Er muß daher die Ruhepausen dazu verwenden, sie zu schärfen.

Ein weiteres Prinzip des Buches der Erde ist, daß jeder, der die Position einer Führungskraft anstrebt, sich um ein vertieftes Wissen in seinem Fachbereich bemühen und seine Werkzeuge geschärft halten sollte.

Musashi empfiehlt also durchaus – in unseren modernen Worten – *fundierte Sachkenntnis* und *kontinuierliche Weiterbildung*. Aber für Musashi ist dies eben nur ein Teil der Faktoren, die einen echten Erfolg ausmachen.

Außerdem ist es eine entscheidende Aufgabe des Zimmermanns, sicherzustellen, daß nichts krumm gerät und daß die jeweiligen Verbindungen stimmen. Die Arbeit muß hochwertig sein, nicht halbherzig durchgeführt und mit verdeckten Fehlern. Es ist wichtig, daß das vollbrachte Werk auch auf Dauer ohne Fehler bleibt.

Es ist wichtig, darauf zu achten, daß alle Teile einer Arbeit nahtlos zusammenpassen. Es hat keinen Sinn, nur perfekte Einzelteile zu produzieren. Auch das Gesamtwerk muß exakt zusammenpassen. Das ist ein Gesichtspunkt, der für eine effektive strategische Planung eine wichtige Rolle spielt. Aber Pläne allein reichen nicht aus. Auch bei der täglichen Arbeit des Managers muß dieser Aspekt ständig bewußt berücksichtigt werden. Chaosmanagement drückt sich schließlich viel stärker in der täglichen Arbeit als in großen Zeiträumen aus. Der Chaosmanager muß ständig geistig am Ball bleiben, muß ständig alle relevanten Entwicklungen absorbieren und muß sich mit allen aufkommenden neuen Managementinstrumenten vertraut machen, damit er jederzeit spontan die richtige Kombination an Maßnahmen anwenden kann.

Die Sammlung von Informationen und der geübte Umgang mit Managementmethoden kann und sollte natürlich bewußt geplant werden. Genauso wie der Samurai zu Musashis Zeiten sein festgelegtes tägliches Trainingspensum hatte, muß auch der Manager immer durch gezielte Weiterbildung und zielorientiertes Training an sich arbeiten, wobei sich natürlich die Gestaltung und der Schwerpunkt der Weiterbildung im Laufe der Zeit ändern werden.

Alle Methoden, die einem zur Verfügung stehen, sollten auch genutzt werden, und man sollte so mit ihrem Umgang vertraut sein, daß man sie im gegebenen Fall auch unverzüglich einsetzen kann.

Man sollte bei einem wichtigen Kampf alle verfügbaren Waffen einsetzen. Zu sterben, ohne sein Schwert je gezogen zu haben, das wäre in der Tat bedauerlich.

Man muß alle seine Möglichkeiten nutzen. Das ist nicht eine Handlungsweise, die unbedingt selbstverständlich ist. Oft gibt es innerhalb einer Firma noch viel mehr Fachwissen oder auch technische Neuerungen bis hin zu möglichen Patenten, die nie wirklich genutzt werden. Es macht sich oft bezahlt, sich wieder einmal mit der Personalabteilung zu beraten oder mit den Technikern zu sprechen. Auch ein betriebliches Vorschlagswesen kann in dieser Hinsicht viele Vorteile bringen. Aus unterschiedlichen Gründen können Talente sowohl in kleinen als auch in sehr großen Organisationen übersehen werden und ungenutzt bleiben. Ein guter Manager wird immer darauf achten, daß vorhandenes Fachwissen und produktive Vorschläge, die innerhalb seiner Organisation verfügbar sind, nicht aus organisatorischen Mängeln ungenutzt bleiben.
Genausowenig wird der wache Chaosmanager es versäumen, eine neue faszinierende Methode, die er auf einem Seminar kennengelernt hat, umgehend in seine eigene praktische Arbeit zu integrieren.

Aus einem sollte man auf zehntausend Dinge schließen. Wer die Prinzipien des *Heihô* (des Weges der Strategie – Anm. d. Verf.) erlernt, der wird dadurch alle Dinge verstehen lernen.

Alle Dinge des Lebens haben ihre wiederkehrenden Muster. Ähnliche oder gar gleiche Prinzipien der Strategie, Organisation, Kommunikation, Menschenführung etc. sind in vielen verschiedenen Bereichen anzutreffen. Egal mit welchem Bereich man sich befaßt: Wenn man die Prinzipien seines eigenen Gebietes verinnerlicht hat, hat man damit gleichzeitig auch etwas über *alle* Gebiete des Lebens gelernt. Der umgekehrte Schluß ist dann, daß das Befassen mit anderen Wissensgebieten Einsicht in den eigenen Fachbereich vermitteln kann. Wer also zum Beispiel den Aufbau des menschlichen Körpers oder Botanik oder Organisationspsychologie oder das Problem der Klassifizierung in der

Philosophie studiert, kann dabei etwas lernen für den Managementbereich Organisation. Wer sich mit Kindererziehung befaßt, kann etwas über Personalführung lernen. Wer militärische Taktiken studiert, kann damit oft seine Marketingstrategien verbessern usw. Diese Erkenntnis ist nicht unbedingt naheliegend. Manchmal könnte man meinen, daß das Befassen mit gänzlich anderen Themenbereichen für einen Manager im Hinblick auf seine Arbeit Zeitverschwendung ist und höchstens als Hobby oder Entspannungsübung betrieben werden sollte.

Aber dieser Schluß trügt. Denn für einen Menschen ist es oft schwer, neue Zusammenhänge in seinem eigenen Gebiet zu erkennen. Wir alle leiden da nicht nur unter Betriebsblindheit, sondern oft auch unter einer »Bereichsblindheit«. Anstöße, die von anderen Bereichen kommen, können da sehr nützlich sein. Ein Beispiel ist der Bereich des Bioingenieurwesens, wo man Prinzipien der Natur in technische Konstruktionen umsetzt. Im Computerbereich diente das menschliche und tierische Nervensystem als Vorbild für Computer, die mit sogenannten neuronalen Netzen arbeiten und in der Lage sind, Fähigkeiten zu »erlernen«. Manche dieser für den Computer erlernbaren Fähigkeiten kann man noch gar nicht programmieren, weil man bislang nicht in der Lage ist, solche Fähigkeiten (wie bestimmte Arten von Mustererkennung oder Sprachverständnis) so tiefgehend in ihren Einzelschritten zu verstehen, daß man einen Algorithmus für ein entsprechendes Computerprogramm entwickeln könnte.

Es hat sich auch gezeigt, daß, obwohl unsere Welt sehr vielfältig ist, die Regeln der chaotischen Systeme, die fast allen Erscheinungen zugrunde liegen, sich in gleicher Weise auf verschiedene Bereiche anwenden lassen. Vor allem der Chaosmanager wird also die Tatsache zu schätzen wissen, daß sich manche Prinzipien oft leicht auf andere Bereiche übertragen lassen. Manchmal sind gewisse Phänomene im eigenen Bereich nur schwer entschlüsselbar, während man in anderen Bereichen bereits weiß, wie bestimmte Wirkungen zustande kommen. Auf diese Weise kann ein Analyst, nachdem er erkannt hat, daß die Aktienkurse einer Börse den Regeln dynamischer Systeme folgen, unter Umständen die Formeln der Meteorologen nutzen, um die zukünftige Entwicklung auf dem Aktienmarkt zu berechnen.

Wem erst einmal die Augen für die universelle Bedeutung des Chaos geöffnet wurden, für den gibt es kaum Begrenzungen in seinen Möglichkeiten, Erkenntnisse anderer Bereiche zu nutzen.

Für erfolgreiches Chaosmanagement in unserer komplexen Welt ist dies ein äußerst wichtiges Prinzip.

Nie zuvor gab es in der Menschheitsgeschichte eine solche Fülle von Informationen, die in den verschiedensten Fachbereichen vorliegen.

Aber immer mehr lesen die Menschen nur noch Fachliteratur. Natürlich ist die Zeit der Universalgenies vorbei. Kein Mensch kann mehr in verschiedenen Wissensbereichen den Überblick behalten. Trotzdem ist es für einen Manager wichtig, sich gelegentlich auch in anderen, unter Umständen sogar völlig fachfremden Bereichen umzusehen.

So hat zum Beispiel die Anwendung von ingenieurmäßigen Methoden und Verfahren auf die Erstellung von Computersoftware zu einer ungeheuren Verbesserung der Software geführt – bei gleichzeitig teilweise wesentlich niedrigeren Entwicklungskosten und -zeiten sowie in jedem Falle wesentlich niedrigeren Wartungskosten.

Aber selbst so ein einfacher und eigentlich offensichtlicher Schritt erforderte seine Zeit. Es hat Jahre gedauert, bis man endlich einmal vom sogenannten Spaghetticode die Nase voll hatte und systematisch zur Sache ging.

Nun ist ja wohl kein großer Schritt von der Informatik (der Informationstechnik) zu anderen Bereichen der Technik, so daß man vielleicht schon viel früher auf die Einführung des *Software-Engineering* hätte kommen können.

Ein Schnuppern in ganz andere Bereiche kann da unter

Umständen noch viel gewaltigere Verbesserungen hervorrufen.
Im Bereich des Software-Engineering hat sich zum Beispiel gezeigt, daß bei jedem Entwicklungsabschnitt einer bestimmten Software eine Überprüfung dahingehend stattfinden sollte, ob die Software den Spezifikationen entspricht. Erfolgt eine solche Validierung erst am Ende des Entwicklungsprozesses, sind oft langwierige Änderungen erforderlich, die man bereits in Anfangsphasen hätte abfangen können. Strategieexperten wie Professor Schreyögg von der FU Hagen (der zudem ein überzeugter Vertreter interdisziplinären Denkens ist) empfehlen eine ähnliche Vorgehensweise bei der strategischen Planung. Schon früh sollte auch dort die Kontrolle, ob man sich überhaupt in die richtige Richtung bewegt, ansetzen.
Aber selbst im eigenen Fachbereich werden entscheidende Möglichkeiten oft zu lange übersehen:
In den siebziger Jahren wurde zum Beispiel *Prolog* entwickelt, eine Computersprache, die sich vor allem für Anwendungen im Bereich der künstlichen Intelligenz eignet und auf einer völlig anderen Denkweise basiert, als man sie allgemein von den üblichen Hochsprachen wie Fortran, Cobol, Pascal oder C her kennt. Die Sprache, die in Frankreich entwickelt worden war, wurde aber nur in Europa in einem bestimmten Maße beachtet, in den USA ignorierte man sie fast völlig.
Im Jahre 1981 sahen die Japaner in dieser Sprache eine Chance, ihren Forschungsrückstand gegenüber der US-amerikanischen Computerindustrie dadurch wettzumachen, daß sie – mit Prolog als ihrem neuen Standard – eine Entwicklungsstufe einfach übersprangen und sich auf die Entwicklung einer völlig neuen Generation von Computerhardware und -software konzentrierten.
Obwohl das japanische Projekt mittlerweile auf unerwartete Schwierigkeiten stieß, ist es doch bemerkenswert, wie sehr die Japaner bereit sind, sich in den USA oder Europa

nach dort entwickelten vielversprechenden, aber aus unerfindlichen Gründen von dortigen Managern vernachlässigten Methoden und Techniken umzusehen.

Fuzzy Logic ist mittlerweile ein heißes Thema für viele Technikanwendungen. Der Mann jedoch, der das dahinterstehende Konzept der unscharfen Menge entwickelt hatte, wurde in den USA jahrzehntelang verlacht. Erst als die Japaner seine Idee aufgriffen und in große Fortschritte bei technischen Steuerungsprozessen ummünzten, wurde man sich plötzlich auch in den USA und Europa der revolutionären Bedeutung der neuen Idee bewußt.

Heute steuern *Fuzzy-Logic*-Chips die U-Bahn von Tokio, die Autofokus-Einstellung moderner Kameras, die Funktion neuer Waschmaschinen und vieles andere. Es wird nicht mehr lange dauern, und kein Hersteller komplexer elektronisch gesteuerter Geräte wird sich ohne Verwendung von *Fuzzy-Logic*-Prinzipien bei seinen Produkten auf dem Markt behaupten können. Clevere amerikanische Manager hätten sich schon vor Jahrzehnten einen Vorsprung in dieser Technologie sichern können, wenn sie aufmerksamer gewesen wären.

Statt dessen haben sich die Japaner, die sich wohl bereits instinktiv an Musashis Prinzipien halten und ständig auf der Suche nach neuen Ideen sind, mittlerweile einen gewaltigen Vorsprung in dieser neuen fortschrittsträchtigen Technologie gesichert.

Vor kurzem kassierte ein Erfinder namens Jerome H. Lemelson einhundertdreiundsechzig Millionen Mark von zwölf großen japanischen Autoherstellern für Patente, die er bereits in den fünfziger Jahren angemeldet hatte. Damals interessierte sich niemand für seine Ideen zu automatischen Produktionswerkzeugen. Später haben große Firmen diese Verfahren selbst entwickelt. Da Lemelson aber die Patente schon Jahrzehnte vorher hatte, steht ihm Schadensersatz zu. Auch BMW, IBM, Philips, Siemens und Sony zahlen bereits. Nächstes Jahr werden wahrscheinlich Ford, Apple, Eastman

Kodak und Motorola folgen. Ein weitsichtiger Manager hätte seiner Firma durch den Aufkauf der Patente Millionen an internen Entwicklungskosten und späteren Schadensersatzzahlungen ersparen können. Ganz zu schweigen von den wirtschaftlichen Möglichkeiten der rechtzeitigen Vermarktung von Lemelsons Ideen.

Heute ist auch W. Edwards Deming ein Star am amerikanischen Managementhimmel. Dabei hat der US-Amerikaner den Japanern schon seit der Zeit kurz nach dem Zweiten Weltkrieg Qualitätskontrollprinzipien beigebracht, die viel dazu beitrugen, daß die Japaner ihr schlechtes Image ablegen konnten und den Weltmarkt mit qualitativ hochwertigen Produkten eroberten. Die Japaner selbst schreiben ihren wirtschaftlichen Aufstieg seinen Qualitätslehren zu. In den USA wurde er erst dreißig Jahre später beachtet. Da begann man sich nämlich plötzlich zu wundern, wie die Japaner so erstaunlich effektiv in ihrem Qualitätsmanagement sein konnten.

Unter Umständen schlummern also in den Werken des Plato oder der Beschreibung der Himmelskörper eines radioastronomischen Instituts ganz neue Marketingkonzepte oder Ansätze zu neuen Technologien.

Nur welcher streßgeplagte Manager wird sich die Mühe machen, einmal nachzusehen, was es da alles Wertvolles auszugraben gibt?

Es ist nützlich, eine Vielfalt an Wegen zu kennen. Erweitere dein Wissen. Aber du mußt dich auch in dem *einen* Weg vervollkommnen.

Es besteht natürlich auch die Gefahr, daß man seine Energien zu sehr verzettelt. Man muß sich breitgefächert für die verschiedensten Lebensbereiche interessieren, sollte aber *ein* Gebiet haben, auf das man sich konzentriert und auf das man all sein Wissen und seine Erfahrung dann letztendlich anwendet. Es muß also bei all unseren Bemühungen etwas geben, worauf wir uns konzentrieren, es muß einen Fokus in unseren Bemühungen geben. Ein breites Befassen mit verschiedenen Gebieten erspart uns also nicht, uns für einen Aufgabenbereich zu entscheiden, wenn wir wirklich erfolgreich sein wollen.

In unserer heutigen komplexen Welt ist dies noch wichtiger, als es vielleicht zu Musashis Zeit war. Das Fachwissen in jedem Bereich ist so umfangreich, daß man nur auf einem kleinen Teilgebiet wirklich mithalten kann. Es entsteht also eine Spannung zwischen der Aufgabe, offen für verschiedene Bereiche und Ideen zu bleiben, und der Notwendigkeit, in einem bestimmten Fachgebiet auf dem laufenden zu bleiben und nicht den Anschluß an neue Entwicklungen zu verlieren. Ein guter Manager wird es schaffen müssen, beides in ausgewogenem Maße zu tun.

Vor allem wenn man zur Absicherung der eigenen Ertragsbasis eine Diversifikation der Unternehmensaktivitäten anstrebt, ist es wichtig, sicherzustellen, daß Fachwissen, das man bereits anderweitig hat, auch im neuen Geschäftsbereich zum Tragen kommen kann. Manche Bank wäre zum Beispiel genauso leicht in der Lage, eine Tochterfirma, die sich mit Datensicherungsberatung befaßt, zu gründen wie mancher Computerhersteller. Eine Tochterfirma mit zunehmender Datensicherungsexpertise kann dem Gesamtunternehmen dann zugleich Consultinggebühren an Außenstehende ersparen.

Man sollte sowohl bei Waffen als auch bei anderen Dingen nichts einseitig bevorzugen. Ein Zuviel ist da genauso schlecht wie ein Zuwenig. Ahme auch andere nicht nach. Man soll die Waffe wählen, die einem in der jeweiligen Situation selbst am besten liegt. Weder die Führer noch die einfachen Soldaten sollten da einseitige Vorlieben oder Abneigungen haben. Das sollte man beachten.

Mit diesem Rat scheint Musashi fast widersprüchlich zu werden. Trotzdem ergeben sich daraus auch für den Manager sehr hilfreiche Ratschläge.

Eine zu enge Beschränkung des Geschäftsbereiches ist da genauso gefährlich wie eine plan- und ziellos ausufernde Diversifikation (obwohl das einfach klingen mag, sind zur Zeit auch renommierte Unternehmen unter Druck geraten, weil sie in der einen oder anderen Richtung Fehler gemacht haben).
Strategische Begrenzung bedeutet also nicht, den Tätigkeitsbereich eng begrenzt zu halten. Es bedeutet nur, daß man die Breite der eigenen Betätigung gezielt so ausrichten muß, daß durch die Vernetzung strategische Vorteile erfolgen.
Zu oft wird aber Diversifikation lediglich als Absicherung gegen unkalkulierbare Entwicklung auf dem ursprünglichen Markt betrieben. Solche Bedenken sollte man aber durch verbessertes Chaosmanagement abdecken statt durch Diversifikationen, die keinen vorteilhaften Synergieeffekt für das Unternehmen mit sich bringen.
Auch am Beispiel des Managementstils können wir die Bedeutung der richtigen Balance zwischen breitgefächerter Methodik und persönlicher Konzentration auf individuelle Methoden sehen.
Zum einen würde Musashi sagen, daß es nicht gut ist, unter wechselnden Bedingungen stur an einem Stil festzuhalten. Man sollte an keiner Methode so hängen, daß man sie auch dann anwendet, wenn sie eigentlich nicht angebracht ist. In dieser Hinsicht sollte man offen und flexibel bleiben. Wenn man immer gleich reagiert, auch wenn die Umstände sehr unterschiedlich sind, dann wird man von seinen Mitarbeitern auf die Dauer nicht mehr ernst genommen. Dies hat nichts mit mangelnder Beständigkeit zu tun. Beständig ist, wer unter gleichen Umständen immer gleich reagiert. Unglaubwürdig wird zum Beispiel jemand, der bei einem kleinen Fehltritt eines Mitarbeiters großzügig ist und dies dann aber auch beibehält, wenn ein anderer Mitarbeiter bewußt und absichtlich gravierendes, wiederholtes Fehlverhalten an den Tag legt. Ein Manager muß eine breitgefächerte Palet-

te an möglichen Aktionen bereit haben und darf sich nicht auf eine einzige Reaktionsweise beschränken.
Auf der anderen Seite muß diese Palette aber auch eine echt persönliche sein. Nur jemanden, der mit seinem persönlichen Stil sehr erfolgreich ist, nachzuahmen, hat auf die Dauer wenig Sinn. Wenn das Verhaltensmuster nicht ein echter Teil der eigenen Persönlichkeit ist, wird man damit auch keinen Erfolg haben. Man muß seine eigenen Lösungen durch persönlichkeitsgerechte Verhaltensweisen finden. Wenn man das Problem eingehend genug analysiert, dann wird man auch eine Methode finden, die einem persönlich liegt. Dies ist sehr wichtig. Man kann nur echte Durchschlagskraft in irgendeinem Bereich seines Lebens haben, wenn man wirklich mit seiner ganzen Wesensart hinter dem an den Tag gelegten Verhalten zu stehen vermag. Ansonsten wird man immer schwach und halbherzig in seinen Bemühungen bleiben.
Wichtig ist für Musashi auch, jede auftauchende Aufgabe mit großem Elan anzugehen. Verzögerungen wirken sich negativ und lähmend aus. Eine Erkenntnis, die sicherlich auf ein Duellverhalten zutrifft, aber genauso für den Manager gültig ist.
Vor allem in dynamischen Systemen, in denen sich Chancen und Bedrohungen in kurzer Zeit auftun, nur um oft, im Falle der Chancen, genauso schnell wieder zu verschwinden, oder, im Falle der Gefahren, bei mangelnder Aktion zu irreparablen Schäden zu führen.
Ein weiteres Prinzip Musashis ist, daß, wer erfolgreich sein will, die Details in seinem Leben sorgfältig beachten muß. Denn die kleinen Dinge neigen dazu, sich im Laufe der Zeit zu summieren, und machen oft den Unterschied zwischen Erfolg und Versagen aus. Man darf sich aber nicht zu sehr in den Details verlieren, sonst verzettelt man seine Energie.

Für alle Dinge gibt es einen bestimmten Rhythmus und einen richtigen Zeitpunkt, der von entscheidender Bedeutung ist.

Ein weiteres Prinzip, das Musashi seinen Lesern ans Herz legt, ist, daß die Wahl des rechten Zeitpunktes von entscheidender Bedeutung ist. Man muß sich dabei vergegenwärtigen, daß alle Dinge einem rhythmischen Gefüge unterliegen.
Diese Erkenntnis ist natürlich nicht weiter erstaunlich, wenn man heute die Chaostheorie kennt. Zu Musashis Zeiten stellte sie aber eine erstaunliche Vorwegnahme der entscheidenden Chaosprinzipien dar. Für den modernen Manager ist es auch wichtig zu beachten, daß ein »zu früh« genauso fatale Folgen haben kann wie ein »zu spät«.

Auch für den Weg des Kaufmanns gilt: Durch den Rhythmus wird man einmal reich, ein anderes Mal verliert man sein Kapital ... Man sollte unterscheiden lernen zwischen dem Rhythmus, der Vorteile bringt, und dem Rhythmus, der sich nachteilig auswirkt.

Man muß sich also bewußt sein, in welcher Phase eines Zyklus man sich befindet. In diesem Sinne muß die Betriebswirtschaft die Volkswirtschaft im Auge behalten. (Was selbstverständlich erscheinen mag, aber offensichtlich bei manchen Entscheidungen übersehen wird.) Sobald man merkt, daß der richtige Zeitpunkt für eine bestimmte Aktion gekommen ist, muß man mit aller Kraft und Entschlossenheit handeln. Als erfahrener Schwertkämpfer ist sich Musashi bewußt, daß sich im Auf und Ab des Gefechts manchmal eine entscheidende Lücke für entschlossenes Handeln auftut. Man darf diese Chance dann nicht verpassen.
Den richtigen Zeitpunkt durch Zaudern zu verpassen hat seine Wurzeln oft in der Unsicherheit. Wer sich nicht sicher ist, wird Schwierigkeiten haben, entschieden zu handeln.
Wie Musashi später noch zeigen wird, ist auch antizyklisches Verhalten ein wichtiger Schlüssel zum erfolgreichen Chaosmanagement. Man darf sich nie von außen einen Rhythmus aufzwingen lassen. Sich des allgemeinen Rhythmus wohl be-

wußt zu sein, aber diese Kenntnis vor allem dazu zu nutzen, durch bewußt antizyklisches Verhalten strategische Vorteile zu erreichen, ist eines der Grundprinzipien Musashis.

Musashi sieht die Lösung zu diesem Dilemma in der Ausübung des *Heihô,* des rechten Pfads des Kriegers (oder Chaosmanagers), wie er ihn beschrieben hat.

Indem man die Prinzipien des rechten Pfads in seinem Leben verwirklicht, indem man diese Prinzipien des erfolgreichen Handelns also in sich aufnimmt, sie internalisiert, sie sich als zweite Natur einverleibt, werden die eigenen Instinkte geschärft und gestärkt. Dies führt zu einem Gefühl völliger innerer Sicherheit und Gelassenheit. Wer sich in einem solchen Zustand innerer Kraft befindet, kann gar nicht besiegt werden. Das ist das Resümee von Miyamoto Musashis Erdenbuch.

EPILOG ZUM BUCH DER ERDE

Am Ende seines ersten Buches hat Musashi neun Regeln für das Erlernen der Schwertkunst, stellvertretend für das Erlernen des rechten Weges, gegeben. Sie sollten für uns die Basis des Chaosmanagements darstellen. Es sind grundlegende Einstellungen, die der Chaosmanager braucht, wenn er seine Kraft zur Kontrolle des Chaos erhalten will und wenn seine Intuition so entwickelt werden soll, daß er spontan strategisch richtig auf alle aufkommenden Situationen reagiert.

Dies sind Prinzipien, die sich der Manager persönlich als Maßstab setzen sollte. Er sollte auch darauf hinwirken, daß sie zu einem Bestandteil der Corporate Culture werden. Als Basis der Unternehmensphilosophie können sie viel dazu beitragen, die Grundhaltung eines Siegers in die gedankliche Rahmenstruktur des Unternehmens einfließen zu lassen.

1. Habe keine arglistigen Gedanken

Diese Regel deckt mehrere Konzepte ab. Zum einen wird damit betont, daß negative Gedanken einen lähmenden, störenden Effekt auf unsere Kraft und Persönlichkeit ausüben. Ständig moralisch zweifelhafte Pläne auszuhecken behindert uns nur selbst. Musashi betont, daß die innere Stärke, die aus Integrität erwächst, für den langfristigen Erfolg von ausschlaggebender Bedeutung ist.
Wer geradlinig und moralisch einwandfrei einen strategischen Vorteil anstrebt, wird sich zudem hinterher auch keine Sorgen machen müssen, daß ihn Entscheidungen aus der Vergangenheit einmal einholen und auf moralischer Ebene so sehr diskreditieren, daß er in seiner weiteren Effektivität schwer behindert wird.
Motivation spielt also eine Rolle für unseren Erfolg im Leben. Ist jemand von niederen Instinkten motiviert, dann wird er langfristig keinen Erfolg haben. Man weiß, daß negative Gefühle einen schädigenden Einfluß auf die menschliche Gesundheit, vor allem auch auf das Immunsystem haben. Aber auch rein psychisch haben negative Gedanken eine lähmende, schwächende Wirkung. Unsere Kreativität und Fähigkeit zu konzentrierter Spitzenleistung leidet, wenn wir negativ denken. Die Ausschüttung körpereigener Hormone (Endorphine) ist ein wichtiges Stimulans für die menschliche Kreativität und Leistungsfähigkeit. Sie werden unter positiven Umständen (auch wenn sie mit starken körperlichen Anstrengungen verbunden sind) leichter freigesetzt. Negative Gedanken setzen dagegen lähmende und behindernde Prozesse in unserem Körper und Gehirn in Gang.
Arglistiges Denken und Handeln entstammen meist niederen Motivationen wie Habsucht oder Neid. Sie halten den Betroffenen davon ab, wirklich stabile Grundlagen für sein Geschäftsleben dadurch zu schaffen, daß er seine eigenen Fähigkeiten, Dienstleistungen und Produkte immer weiter verbessert.

Wenn wir also ernsthaft einen eigenen, effektiven Weg entwickeln wollen, dann müssen wir lähmende Effekte möglichst ausschalten und statt dessen positive, stimulierende Umstände in unserem Leben schaffen. Ein wichtiger erster Schritt ist, uns nicht den Luxus negativer Gedanken zu leisten.

Für Manager hat das aber auch noch weiter gehende Auswirkungen. Keine arglistigen Gedanken zu hegen schließt nämlich dabei auch das, was man als Geschäftsethik bezeichnen könnte, mit ein.

Wer Musashi folgt, wird auf keinen Fall Geld mit dem Bau von Giftgasfabriken für Diktatoren verdienen. Er wird nicht einmal bewußt Umweltschutzbestimmungen unterlaufen oder unkorrekte Börsenmanipulationen vornehmen. Er wird seinen Kunden echte Qualitätserzeugnisse und hochwertigen Service zukommen lassen etc. Ein Anhänger von Musashis Weg wird seine Unternehmensstrategie aufrichtig und geradlinig aufbauen. Langfristig wird sich eine solche Verhaltensweise nicht nur für das Geschäft auszahlen, sondern wird auch die persönliche Vervollkommnung, die für einen echten Erfolg im Leben notwendig ist, fördern, statt sie zu hemmen.

Das Prinzip, *keine arglistigen Gedanken zu haben,* sollte, wie die anderen Prinzipien auch, eine klare Leitlinie für unsere Entscheidungen schaffen. Solche Leitlinien sollen uns Kriterien in die Hand geben, mit deren Hilfe wir Handlungsoptionen, die sich langfristig generell als unproduktiv oder sogar destruktiv erweisen werden, von vornherein ausschalten können.

Zudem sollte dieses Prinzip ein fester Bestandteil der Unternehmensphilosophie auch im Hinblick auf die Personalführung werden und den Mitarbeitern eine positive Arbeitsatmosphäre schaffen.

2. Folge dem Weg des Strategen mit Beständigkeit

Ein Weg, den man für sich gewählt hat, kann nicht einfach ab und zu gegangen werden. Wer ihn nicht mit ganzer Kraft geht, wird nie wirklich erfolgreich sein.
Bei allen Aktionen, die ein Manager vornimmt, sollte er also diese Grundprinzipien im Sinn behalten und sie bewußt einsetzen.
Der Weg, den er geht, muß ständig gegangen werden. Alle Informationen und Handlungsentscheidungen müssen bewußt zu diesem Weg in Bezug gesetzt werden. Wer ein guter Chaosmanager werden will, muß also ständig in diesen Bahnen denken. Der Blick für die allgegenwärtigen Gesetzmäßigkeiten des Chaos muß geschärft werden. Wer immer in diesen Kategorien denkt, wird auch in besonderen Krisenzeiten spontan diese Prinzipien gedanklich und auch handlungsmäßig erfolgreich anwenden. Auf Unternehmensebene führt dies zu integriertem, koordiniertem Handeln.
Man sollte es bewußt vermeiden, gelegentlich einen »Urlaub« von der Verfolgung des Weges zum perfekten Chaosmanagement einzulegen. Nach dem Motto »Wer rastet, der rostet« muß man sich stetig bemühen, den Weg täglich zu gehen und die Begeisterung und Wertschätzung für das gewählte Ziel beizubehalten.

3. Kultiviere ein breitgefächertes Interesse an allen Techniken und Künsten

In moderner Zeit könnte man dies auch so ausdrücken: Sieh dich in der ganzen Palette der Natur- und Geisteswissenschaften um. Erstaunlicherweise betont Musashi dabei *alle* Techniken und Künste. Er ist also der Meinung, daß man keinen Bereich auslassen sollte, da dies dazu führen kann, daß man etwas Wichtiges völlig übersieht. Bei fast keinem Produkt spielen zum Beispiel die rein technischen Eigenschaften oder die Qualitätsmerkmale allein eine Rolle. Praktisch immer wirken auch kulturelle Faktoren mit. Manager können es sich also kaum leisten, nicht auch bei kulturellen Trends etc. auf dem laufenden zu sein. Natürlich gibt es Berater, die sich auf die Beobachtung bestimmter kultureller und sozialer Trends spezialisiert haben oder über die nationalen Unterschiede verschiedener Länder Bescheid wissen etc. In gewissem Sinne können sie dem Manager helfen, Zeit zu sparen. Er muß aber zumindest in der Lage sein, dabei echte Könner von Schaumschlägern zu unterscheiden.

Da zudem alles Leben und Erfahren mit den Prinzipien des Chaos in Zusammenhang steht, ist es wertvoll, sich mit unterschiedlichen Aspekten des menschlichen Lebens zu befassen.

Wissen entfaltet auch oft durch Vernetzung unterschiedlicher Bereiche erst eine große kreative Kraft. In diesem Sinne ist es wichtig, sich mit möglichst vielen Aspekten unserer Welt zu befassen, um im Notfall durch einzigartige Vernetzungen zu genialen Strategien kommen zu können.

4. Studiere eine Vielzahl von Tätigkeiten und Berufen

In ähnlicher Weise betont Musashi, daß man sich in möglichst vielen verschiedenen Berufsfeldern nach Ideen umsehen sollte. Es ist mittlerweile auch kein Geheimnis mehr, daß das Übernehmen bestimmter Organisationsstrukturen oder Verfahrensmethoden aus einem Bereich manchmal große Vorteile für einen anderen Bereich mit sich brachte.

Vor allem Strategie ist dabei auch ein nahezu universelles Phänomen. Von militärischen Aktionen über Wissenschaftsprojekte bis hin zu Managementaufgaben, fast alle komplexeren Probleme erfordern Lösungsstrategien.

5. Lerne bei allem, Gewinn und Verlust zu unterscheiden

Diese Regel gibt wieder eine ganz bestimmte Geisteshaltung vor. Man kann nur dann von seinen Erfahrungen und der Beschäftigung mit unterschiedlichen Lebensbereichen lernen, wenn man dabei Werturteile mit einbezieht. Bei den unterschiedlichen Dingen, mit denen man sich befaßt, sollte man immer auch darüber nachdenken, inwiefern sie im Zusammenhang mit Erfolg und Mißerfolg, Gewinn und Verlust stehen. Nur wenn man ständig aktiv versucht, die richtigen Prinzipien von den falschen zu unterscheiden, wird man wichtige Erkenntnisse gewinnen.

Diese Bedeutung von Werturteilen wird auch im Wirtschaftsbereich heutzutage stärker erkannt. Ohne die soziale Komponente mit einzubeziehen und ohne darum bemüht zu sein, durch die eigene Arbeit einen wertvollen Beitrag nicht nur zur eigenen Bilanz, sondern auch zum allgemeinen Gesamtwohl zu leisten, wird kaum ein Unternehmen mehr langfristig echtes Wachstum erreichen.

6. Entwickle deine Fähigkeit, den wahren Kern aller Dinge auf den ersten Blick zu erkennen

Ein schneller Durchblick ist sehr wichtig. Zum einen scheitern die meisten Theorien an falschen Prämissen. Wer diese Prämissen schluckt, wird es wahrscheinlich kaum schaffen, dem Problem oder dem Mißerfolg bei der Anwendung der Theorie dann noch auf die Spur zu kommen. In diesem Sinne kann man einen scharfen »ersten« Blick entwickeln, der zuerst auf die Prämissen schaut, der direkt und sofort zum Kern einer Sache vorstößt und sich nicht von Oberflächlichkeiten und Verzierungen ablenken läßt.

Der zweite Aspekt eines effektiven ersten Blickes ist die Fähigkeit, sofort Gesamtzusammenhänge zu erfassen, ohne sich von Einzelheiten blenden und ablenken zu lassen. Mit einem Blick sozusagen die Situation zu erfassen ist die Herausforderung, der man sich oft gegenübersieht.

Jeder Manager wird wohl zustimmen, daß ein solcher erster Blick durchaus eine wünschenswerte Errungenschaft wäre. Musashi zeigt aber auch den Weg zu diesem Ziel: Man muß bewußt an der Entwicklung dieser Fähigkeit arbeiten.

Die bewußte Arbeit an bestimmten wichtigen Fähigkeiten und Einstellungen ist denn auch ein Kern des Erfolgsgeheimnisses des größten Samurai.

7. Erkenne auch das Wesen dessen, was dem Auge verborgen bleibt

Die wahren Hintergründe bleiben meist im Verborgenen. Das ist nicht nur ein offenes Geheimnis in der Arbeit der diversen Geheimdienste, die noch heute über bestimmte historische Ereignisse rätseln und nicht so recht wissen, was wirklich dahinter steht.

Auch im Geschäftsleben bleiben die wahren Gründe und Motivationen oft im dunkeln. Was Käufer oder Mitarbeiter wirklich motiviert, ist oft schwer zu ergründen oder zu ahnen.

Die Fähigkeit, verborgene Zusammenhänge zu erkennen oder wenigstens zu erahnen, ist eine wichtige Eigenschaft erfolgreicher Manager. Die Frage ist dabei, wie man eine solche Intuition für verborgene Zusammenhänge entwickeln kann.

Musashi gibt dazu folgende Vorschläge:

1) Man muß bewußt auf solche Zusammenhänge achten, sie sozusagen in jeder Situation voraussetzen. Man muß quasi bei jeder neuen Situation, nachdem man alle offensichtlichen Fakten zusammengetragen hat, zu sich selbst sagen: Obwohl ich jetzt alle offensichtlichen Fakten zusammenhabe, weiß ich, daß es da einfach noch weitere, verborgene Zusammenhänge geben muß. Welche sind es? Bleibt man sich dieser Frage ständig bewußt, dann ist man seinem Ziel einer automatischen Intuition bereits beträchtlich näher gekommen.

2) Intuition basiert auf der Persönlichkeit und dem gesamten Erfahrens- und Wissensschatz einer Person. Während es schwierig ist, die Persönlichkeit zu verändern, läßt sich im Bereich der Erfahrung und des Wissens aber einiges ver-

bessern. Je mehr man sich mit den unterschiedlichsten Fachbereichen befaßt und je mehr man die unterschiedlichsten Menschen (und als Manager vor allem auch alle seine Mitarbeiter und Managerkollegen) kennenlernt, desto schärfer wird mit der Zeit das Instrument der Intuition ausgeprägt sein. Man hat da durchaus Möglichkeiten, die Feinabstimmung der eigenen Sensoren zu verbessern.

8. Sei auch in den kleinsten Dingen nie nachlässig

Ein weiterer Aspekt zur Verbesserung der Intuition ist die Bereitschaft, auch auf kleine Details zu achten. Diese Bereitschaft ist sehr wichtig, wenn man wirklich verstehen will, worum es sich bei einer Situation in ihrer Gesamtheit handelt.

Denn oft zeigen sich sehr unterschiedliche Situationen in sehr ähnlichem Gewand. Erst eine Analyse der Details mag aufzeigen, daß im Grunde gravierende Unterschiede vorliegen. Deshalb ist es wichtig, auf solche Details zu achten.

Auf der anderen Seite können kleine Details, wenn sie übersehen werden, auch bei sonst gleichen Situationen große Unterschiede bewirken.

Der Erfinder der *Sesamstraße* ist zum Beispiel an einer Lungenentzündung verstorben, die, hätte er sich nur wenige Stunden früher in ärztliche Behandlung begeben, noch zu kurieren gewesen wäre.

Die amerikanische Flotte überstand im Zweiten Weltkrieg ihre entscheidende Schlacht gegen die japanische Übermacht wahrscheinlich nur deshalb siegreich, weil ein Flugzeug aus dem japanischen Aufklärerpulk wegen technischer Probleme nicht starten konnte und dadurch der Quadrant nicht abgesucht wurde, in dem sich die Amerikaner wirklich befanden.

Es gibt Vermutungen, daß die amerikanische Atombombe über Hiroshima abgeworfen wurde, weil man die japanische Antwort auf das amerikanische Ultimatum falsch übersetzte. Wegen eines winzigen Fehlers in einem Computerprogramm

verloren die Sowjets eine Raumstation. Wegen eines ähnlichen Fehlers brach in den USA ein Staudamm, was viele Menschenleben kostete.
Die Liste der großen Katastrophen, die durch einen kleinen Fehler ausgelöst wurden, ist endlos.
Deshalb muß auch das Achten auf Details zu einer bewußten, stetigen Handlung werden.
Durch die Chaosforschung wissen wir, daß kleinste Veränderungen in den Anfangsbedingungen langfristig Unterschiede größten Ausmaßes bewirken können. Aus diesem Grund ist eine sorgfältige Beachtung wesentlicher Details äußerst wichtig.

9. Gib dich nicht mit nutzlosen Beschäftigungen ab

Als letztes bleibt die Vermeidung von Aktivitäten, die in keiner Weise der Erreichung des eigentlichen Zieles dienlich sind, sie sind nur Zeitverschwendung.
Man darf dabei den Begriff der Zeitverschwendung nicht mißverstehen.
So arbeitet kaum jemand im Schlaf, und trotzdem ist schlafen keine Zeitverschwendung, denn wir erholen uns dabei von den Anstrengungen des vorhergehenden Tages und werden erfrischt und gestärkt für neue Aufgaben.
In ähnlicher Weise verhält es sich mit dem Urlaub oder mit anderen Aktivitäten, die uns sinnvoll entspannen oder für unsere Gesundheit wichtig sind.
Wir müssen uns auch bewußt bleiben, daß unsere mitmenschlichen Beziehungen, unsere Familie, Freunde und menschlichen Kontakte mit Kunden, Mitarbeitern etc. unserem Leben erst Erfüllung und Sinn geben. Also können auch soziale Aktivitäten, solange sie für alle Beteiligten aufbauend sind, nicht unter den Begriff Zeitverschwendung fallen.
Zeitverschwendung sind nur Dinge, die uns letztendlich schwächen, in unserer Arbeitskraft und Kreativität hemmen

oder soziale Beziehungen eher zerstören und schädigen, als sie zu fördern.

Unnötiger Zeitverlust ist aber nicht das einzige Problem, das unnütze Aktivitäten mit sich bringen.

Wenn wir uns unnütze Aktivitäten erlauben, dann unterbrechen wir damit unsere nützlichen Aktivitäten und riskieren, uns selbst aus dem Rhythmus zu bringen und aus der Bahn zu werfen.

Auf dem Wege des Strategen kann man nur ein Meister werden, wenn man die Wahrheit gemäß diesen Regeln und Prinzipien anstrebt ... Wenn du dich so mit ganzer Kraft einsetzt, wirst du deinem Gegner mit der Hand und dem Auge, an Körper und Geist überlegen sein.

Diese Regeln stellen Musashis Erfolgsrezept dar. Er glaubt nicht, daß jemand langfristig erfolgreich sein kann, wenn er diese Regeln nicht einhält. Erst eine stete Übung der Intuition und eine Schärfung der Instinkte gemäß diesen Regeln wird den Manager befähigen, auf jede Situation automatisch richtig zu reagieren. Aber selbst nach der Einübung aller Regeln ist es zusätzlich noch wichtig, immer eine Situation ganzheitlich zu beachten. Wer nur Bruchstücke sieht, kann nicht adäquat reagieren.

Wer die Regeln auf diese Weise befolgt, wird mit der Hand und mit dem Auge überlegen sein.

Die Hand steht hier stellvertretend für die jeweils richtige Technik für die gegebene Aufgabe. Ein Manager muß sozusagen sein Handwerk verstehen und muß die üblichen Managementtechniken beherrschen. Das ist eine Feststellung, der wir auch hier in der westlichen Welt gerne zustimmen.

Aber für einen Erfolg ist auch eine weitere Komponente wichtig, die durch ein eifriges Befolgen der neun Regeln erreicht wird: Wer erfolgreich sein will, braucht eine überlegene Sichtweise, seine Perspektive muß sozusagen von einer höheren Warte aus erfolgen.

Wer ein Gesamtkonzept für sein Leben gewählt oder entworfen hat und seine individuelle Tätigkeit diesem Gesamtkonzept unterordnet, der wird auch in seiner Perspektive überlegen sein.

Vielleicht sollte man abschließend sagen, daß Musashi in seinem ersten Buch des Zyklus, dem *Buch der Erde,* die Bedeutung eines *unbeugsamen Geistes* und einer bewußten, analysierten und analytischen Lebensweise hervorhebt.

Frei nach Sokrates sagt Musashi: Das nichtanalysierte Leben ist nicht lebenswert. Ein Mensch, der wirklich erfolgreich sein will, muß ein klares Ziel im Leben haben. Aber er braucht auch zusätzlich einen eisernen Willen. Er muß an dem festhalten, was er als richtigen Weg erkannt hat, bis er erfolgreich ist.

Musashi sieht (seinen Weg auf den Geschäftsbereich angewandt) den erfolgreichen Manager in der bewußt gewählten Gesellschaft hervorragender Kollegen. Er ist geschickt im Einsatz von Mitarbeitern, ein erfolgreicher Administrator seiner Organisation und ein Mensch, der einen wertvollen Beitrag zum gesellschaftlichen Allgemeinwohl leistet.

Die Belohnung für das Gehen seines Weges ist Musashis Voraussage nach groß:

Durch den Weg der Strategie wird man Vertrauen in die eigene Kraft zum Sieg erhalten. Man wird dadurch zuversichtlich werden und Ruhm und Ehre erlangen.

Wer bereit ist, sich auf die Auseinandersetzung mit dem Chaos einzulassen, wird am Ende wertvolle Früchte ernten. Das ist es, was Musashi in seinem einführenden Buch verspricht.

KONKRETER AKTIONSPLAN (s. S. 112/113):

Dem modernen Manager, der wenig Zeit hat, sich hinzusetzen und zu meditieren, mag es manchmal zu aufwendig er-

scheinen, Musashis Prinzipien gedanklich in seine tägliche Arbeit zu integrieren. Daß dies aber durchaus lohnenswert sein kann und im Grunde auch leicht machbar ist, soll die nachfolgende Übersicht zeigen.
Dabei soll die Übersicht nur ein Beispiel dafür sein, wie man Musashis Weg in eine Praxis des Chaosmanagements für das eigene Leben und für das eigene Unternehmen umsetzen kann. Jeder Manager wird sich in dieser Hinsicht persönlich und unternehmerisch in einer jeweils ganz unterschiedlichen Situation befinden. Es ist daher nicht sinnvoll, eine solche Übersicht einfach auf die eigenen Umstände anzuwenden. Statt dessen sollte sie als Leitlinie dienen, anhand deren man seine eigenen Stärken und Schwächen analysieren und dann einen individuellen Maßnahmenkatalog gemäß den Prinzipien Musashis für sich selbst und den eigenen Managementbereich entwerfen kann.

Erläuterung der Übersicht

Strategisches Selbstmanagement
Persönliche Maßnahmen:
Durch die Erarbeitung eines persönlichen Sendungsbewußtseins in Verbindung mit einem bewußten persönlichen Wertesystem wird dem Leben ein stabiler Gesamtkontext gegeben. Durch zielgerichteten Erhalt der eigenen Leistungsfähigkeit wird der Prozeß der Sendungsverwirklichung gesichert. Durch die Komponente der dabei erfolgenden persönlichen Vervollkommnung wird dem Prozeß Sinn vermittelt.
Unternehmensbezogene Maßnahmen:
Wie das bereits unter dem Gesichtspunkt des strategischen Managements selbstverständlich war, erhält das Unternehmen durch eingehende Analyse und Planung von seiten aller Schlüsselträger eine klare strategische Ausrichtung und eine zielgerichtete Fokussierung aller unternehmerischen Kräfte.

STRATEGISCHE PRINZIPIEN	PRAXIS DES CHAOS PERSÖNLICHE MASSNAHME
Strategisches Selbstmanagement	o Persönliches Mission Statement o Persönliches Wertesystem o Geplanter Leistungserhalt o Persönliche Stabilität durch Perfektionierung
Strategische Flexibilität	o Fachliche Weiterbildung o Kreativitätsfördernde Informationsaufnahme o Kontakte zu anderen Abteilungen o Soziales Engagement
Strategisches Personalmanagement	o Persönliche Mitarbeiterkontakte o Kenntnis der Mitarbeiteraufgaben
Strategische Ressourcenentwicklung	o Abteilungsübergreifendes Denken o Ideenfreundliche Mitarbeiterführung o Persönliche Stärken/Schwächen-Analyse
Strategische Fokussierung	o Zielorientiert subsumieren o Stärken gezielt nutzen o Expertenstellung ausbauen
Strategisches Timing	o Persönliche Chancen schwungvoll nutzen o Zeit als entscheidenden Faktor erleben o Die rhythmische Natur aller Prozesse beachten

MANAGEMENTS

UNTERNEHMENSBEZOGENE MASSNAHME	ÜBERGEORDNETES PRINZIP
o Klare strategische Ausrichtung und Fokussierung o Starke, ethisch untermauerte Unternehmenskultur o Sozialorientierung gegenüber Mitarbeitern o Ständige Verbesserung als Unternehmensmaxime	Sendungsbewußtsein Innere Volkommenheit als Endziel
o Förderung fachlicher Weiterbildung o Breites Seminarangebot o Kreativitätsfördernde Bildungsmaßnahmen o Flache Entscheidungshierarchien o Abteilungsübergreifende Arbeitsgruppen	Kreativität durch vernetztes Denken und Handeln
o Schaffung von Kontaktzentren o Methoden zur symbolischen Jobrotation o Enge Zusammenarbeit zwischen Fachabteilung und Personalabteilung	Mitarbeiter als entscheidende Ressource
o Betriebliches Vorschlagswesen o Alternativer »Think-tank« o Ideenorientierte Kultur o Regelmäßige interne Stärken/Schwächen-Analyse	Die Zukunft gehört den Besseren
o Konsequente Nischenstrategie o Diversifikation nur bei strategischem Vorteil durch Vorkenntnisse	Auf die eigene Stärke konzentrieren
o Strategische Vorteile sofort nutzen o Strategische Task-forces bilden o Antizyklisches Verhalten gezielt einsetzen o den eigenen Rhythmus kennen	Es gibt einen idealen Zeitpunkt für jede Handlung

Die Unternehmenskultur basiert auf festen, allgemein vermittelten ethischen Grundsätzen. Was das Management betrifft, wird nicht nur die Unternehmensführung nach außen, sondern auch die interne Personalführung streng an diesen hohen ethischen Maßstäben orientiert. Das Wohl der Mitarbeiter ist wichtiges Unternehmensziel. Ständige Verbesserung auch in Zeiten von Wachstum und Erfolg wird zum selbstverständlichen Bestandteil der Unternehmensphilosophie.

Strategische Flexibilität
Persönliche Maßnahmen:
Flexibilität wird zu einem Kernpunkt. Für den einzelnen Manager bedeutet das konsequente fachliche Weiterbildung, bewußt kreativitätsfördernde Informationsaufnahme durch Offenheit für Informationen aus unterschiedlichsten Bereichen und ein geplantes Befassen mit unterschiedlichen Wissensgebieten etc. Kontakte zu anderen Abteilungen werden aktiv gesucht. Soweit es die Zeit erlaubt, wird durch soziales Engagement in der Gesellschaft der Kontakt zu den realen Vorgängen der Umwelt aufrechterhalten und das eigene Sendungsbewußtsein verstärkt.
Unternehmensbezogene Maßnahmen:
Die Förderung hoher Flexibilität im Denken und Handeln aller Mitarbeiter wird als elementare strategische Aufgabe verstanden. Konsequenterweise wird fachliche Weiterbildung auf allen Unternehmensebenen nachhaltig gefördert. Ein breites Seminarangebot und andere flankierende kreativitätsfördernde Bildungsmaßnahmen sollen helfen, die gedankliche Einengung auf den unmittelbaren Arbeitsbereich vieler Mitarbeiter zu überwinden. Die Entscheidungshierarchien werden bewußt flach gehalten, damit gute Vorschläge und Ideen auch von unteren Ebenen möglichst bis zum Topmanagement durchdringen können. Durch abteilungsübergreifende Arbeitsgruppen wird vernetztes Denken und Handeln und ein Bewußtsein für gesamtunternehmerische Belange bei den Mitarbeitern gefördert.

Strategisches Personalmanagement
Persönliche Maßnahmen:
Der Manager bemüht sich persönlich um intensive Mitarbeiterkontakte als Voraussetzung für effektive Führung. Es ist ihm ein Anliegen, alle Aufgaben, die in seinem Bereich erledigt werden, weitgehend in ihren Abläufen zu verstehen.
Unternehmensbezogene Maßnahmen:
Die Förderung guter und tragfähiger Kontakte zwischen Management und Mitarbeitern wird als strategische Aufgabe verstanden. Bewußt werden in dieser Hinsicht Begegnungsmöglichkeiten geschaffen. Auch eine jährliche symbolische Jobrotation wird wo möglich erwogen. Dabei nehmen Manager an einem Tag im Jahr untergeordnete Aufgaben wahr, während Mitarbeiter aus untergeordneten Tätigkeiten über die Abläufe auf höheren Managementebenen, zum Beispiel in Form einer Besprechung, informiert werden. Die Zusammenarbeit zwischen Fachabteilung und Personalabteilung ist eng und wird routinemäßig aufrechterhalten.

Strategische Ressourcenentwicklung
Persönliche Maßnahmen:
Hinsichtlich der Entwicklung vorhandener Ressourcen ist es für den Manager wichtig, in engem Kontakt auch mit anderen Abteilungen Probleme anzugehen, mit seinen Mitarbeitern ein Klima zu schaffen, in dem selbst ausgefallene Ideen begrüßt und ernsthaft berücksichtigt werden, und persönliche Stärken und Schwächen genau zu analysieren.
Unternehmensbezogene Maßnahmen:
Konsequente Entwicklung aller potentiellen Ressourcen sollte sicherlich ein wie auch immer geartetes betriebliches Vorschlagswesen und eine ideenorientierte Unternehmenskultur mit einschließen. Auch auf Unternehmensebene sollte man durch eine regelmäßige interne Stärken-und-Schwächen-Analyse einen guten Überblick über eigene Möglichkeiten behalten. Besonders wichtig ist die Schaf-

fung von Freiräumen für Kreativität parallel zu den etablierten, aber teilweise mehr oder weniger verkrusteten Strukturen. Eine Möglichkeit dazu ist die Einrichtung eines alternativen »Think-tank«, in dem junge, hochkreative Mitarbeiter Alternativkonzepte zur traditionellen Strategie entwickeln und direkt dem höheren Management zur Beurteilung vortragen können.

Strategische Fokussierung
Persönliche Maßnahmen:
Auch persönliche Aktivitäten müssen ständig nach dem Gesichtspunkt ihrer Priorität eingeordnet werden. Es muß sichergestellt werden, daß wichtige persönliche Ziele nicht ins Hintertreffen geraten. Persönliche Stärken sollten auch im Berufsleben gezielt und bewußt zum Tragen kommen. Meist ist es hilfreich, aus den Stärken heraus eine Expertenstellung in einem wichtigen Bereich zu entwickeln und dann auch bewußt aufrechtzuerhalten und weiter auszubauen.
Unternehmensbezogene Maßnahmen:
In einem zunehmend übersättigten Markt ist es wichtig, sich durch eine konsequente Nischenstrategie entscheidende Marktanteile zu sichern. Der Begriff Nische ist dabei flexibel zu sehen. Im Grunde operieren auch Unternehmen wie Daimler-Benz oder IBM in einer Nische. Niemand deckt heute alle Aspekte eines bestimmten Marktes ab. Und jedes Unternehmen hat bestimmte Stärken und Schwächen hinsichtlich des jeweiligen Marktes. Stärken sollten dabei in eine entsprechend optimal zugeschnittene Nischenstrategie einfließen. Demgemäß sollten auch Diversifikationen nur in Bereichen erfolgen, in denen man bereits aus seinen vorherigen Tätigkeiten heraus einen strategischen Vorteil hat.

Strategisches Timing
Persönliche Maßnahmen:
Timing sollte als Kernpunkt der persönlichen Strategie verstanden werden. Sich auftuende Chancen sollten zügig und

schwungvoll genutzt werden, da sie in unserer schnellebigen Zeit rasch wieder verschwinden können. Die Zeit muß deshalb als entscheidender Faktor bewußt erlebt werden. Dabei ist es wichtig, die rhythmische Natur aller Prozesse zu beachten, um einmal vertane Chancen eventuell nach einer gewissen Zeit ergreifen zu können. Man kann dadurch auch vermeiden, von einer weniger günstigen Phase eines Zyklus unvorbereitet getroffen zu werden. Außerdem muß man sich bewußt sein, daß man auch persönlich gute und schlechte Phasen hinsichtlich der eigenen Leistungsfähigkeit hat, und sollte dem entsprechend Rechnung tragen.

Unternehmensbezogene Maßnahmen:
Da sich die Umstände ständig ändern, müssen strategische Vorteile sofort genutzt werden. Dies wird durch die Bildung strategischer Task-forces, die Trends und Entwicklungen beobachten und ständig neue Strategien und Szenarien entwickeln, wesentlich erleichtert. Vor allem die Möglichkeit zu erfolgreichem antizyklischem Verhalten sollte im Auge behalten werden, weil man sich dadurch entscheidende Wettbewerbsvorteile verschaffen kann. Man sollte sich auch des Rhythmus des eigenen Unternehmens bewußt sein, um starke Phasen gezielt nutzen zu können und sich in Zeiten der Schwäche möglichst ausreichend bedeckt zu halten.

DAS BUCH DES WASSERS

PROGRAMMIERTE UNTERWEISUNG

Das zweite Buch ist das »Buch des Wassers«. Das Bild ist dabei, daß der Geist so wie Wasser werden soll. Das Wasser paßt seine Gestalt der Form des es umgebenden Behälters an. Es kann dabei rund oder kantig werden. Manchmal ist es nur ein Tropfen, ein anderes Mal ein ganzes Meer. Dann ist da auch noch die klare Bläue des Wassers. Ich benutze die Klarheit des Wassers als Bild, um in diesem Buch den Weg des Strategen zu beschreiben.

In seinem zweiten Buch zeigt Musashi die Macht der Flexibilität, die seine Lehre mit sich bringt. Am Ende ist es der offene, flexible Geist, der den Ausschlag zum Sieg gibt.
Wasser ist ein äußerst flexibles Medium. Es kann sich mühelos jeder Umgebung anpassen und bleibt sich doch immer selbst treu. Obwohl es Freiräume immer ausfüllt, verändert es sich dabei nicht in seiner eigenen Natur. Diese hohe Anpassungsfähigkeit an alle Umstände sowie gleichzeitige innere Klarheit und Reinheit sind bedeutende Merkmale von Musashis Lehre, sind die zwei herausragendsten Eigenschaften, die einen Chaosstrategen sicher durch alle Auseinandersetzungen führen.
Wer die Wahrheit hinter den Dingen ergründen will (und jeder, der erfolgreich handeln will, muß so handeln, daß es den wahren Gegebenheiten entspricht; Illusionen wirken sich besonders im Geschäftsleben fatal aus), muß diese Wahrheit mit einem offenen Verstand suchen, sonst wird er sie nicht finden.
Eine Voraussetzung für das Beschreiten seines Weges sieht

Musashi darin, daß man selbst *gute Absichten* hat. Wer böse Absichten hat, kann den Weg des Chaosmanagers nicht auf lange Sicht erfolgreich gehen.
Diese Aufrichtigkeit und Klarheit in der eigenen Konzeption äußert sich darin, daß sich das eigene tägliche Verhalten nicht von dem Verhalten unterscheidet, das man in einer Krisensituation an den Tag legt. Es erübrigt sich wohl zu erläutern, warum dieses Prinzip für einen Manager ein Schlüsselprinzip für den Erfolg ist.
Im *Buch des Wassers* warnt Musashi deshalb noch einmal, daß es entscheidend ist, sich eng an die grundlegenden Prinzipien zu halten. Am Anfang mag eine Abweichung vom wahren Weg zwar unbedeutend wirken. Am Ende wird diese geringe Abweichung in der grundsätzlichen Richtung aber dazu führen, daß man weit vom ursprünglichen Ziel abkommt.
Auch hier zeigt sich das Verständnis von Chaos in den Aussagen Musashis. Er weiß, daß kleinste Unterschiede in den Anfangsbedingungen große Änderungen am Ende bewirken werden, eine der grundlegenden Erkenntnisse der Chaostheorie – und eine Warnung davor, Methoden nur halbherzig umzusetzen. Pläne und Managementmethoden müssen immer mit aller Konsequenz bis zum Ende durchgeführt werden, wenn ihre Wirksamkeit nicht unterwegs verpuffen soll, und die grundsätzliche Zielrichtung soll beim Abfassen der Pläne und bei deren Verwirklichung immer im Auge behalten werden. Ist dies nicht der Fall, wird das erreichte Ergebnis immer in schmerzlicher Weise vom angepeilten Ziel abweichen.
Überraschend ist, daß Musashi diese Prinzipien auch auf das persönliche Leben des Chaosmanagers ausdehnt. Auch im Privatleben summieren sich Kleinigkeiten oft in unvorhersehbarer Weise zu großen Veränderungen. Auch dort ist darauf zu achten, daß man die kleinen Weichenstellungen mit Sorgfalt angeht, weil sie letztendlich zu ganz verschiedenen Endstationen führen. Will der Chaosmanager das

Chaos richtig beherrschen lernen, dann muß er seine Ausbildung und seinen Karriereweg sorgfältig den entscheidenden Gegebenheiten anpassen. Geringe Abweichungen von den richtigen Prinzipien können nach Musashis Ansicht die Effektivität des Managers stark schwächen.

Musashi hat für den unternehmerischen und persönlichen Bereich das Prinzip des *Management by objectives* vorweggenommen, wenn er sagt, daß bei allen Handlungen das Endresultat im Auge behalten werden sollte. Heutzutage ist denn auch eine langfristige Zielsetzung und eine Unterordnung der kurzfristigen Maßnahmen unter diese langfristigen Ziele aus der strategischen Planung der Unternehmen nicht mehr wegzudenken.

Für Musashi hat diese Subsumierung aller Ziele und Handlungen unter das erstrebte Endziel vor allem folgende Prämissen:

Man muß lernen, die oberflächlichen Aspekte jeglicher Sache zu durchdringen und immer zum wahren Kern vorzustoßen. Eine Entscheidung gewinnt also dadurch eine andere Dimension, daß man sich vergegenwärtigt, was ihr letztendlich zugrunde liegt. Die Konsequenzen mögen nämlich weitreichender sein, als man nach dem ersten Augenschein annehmen würde.

Für jede Organisation ist es wichtig, sich bewußt zu sein, daß sich die Sachlage bei weiter reichender Analyse wesentlich anders darstellen mag als bei einer nur oberflächlichen Betrachtung.

Eine Maßnahme gegen eine unzureichende Analyse ist, sich bewußt eine grundsätzliche Unternehmensphilosophie zu erarbeiten und einen allgemeinen Konsens aller Führungskräfte für diese Philosophie zu erwirken (ein Unternehmen, das als einzige Philosophie hat: »Wir wollen einfach mehr Gewinn machen als im Vorjahr«, wird dabei auf die Dauer den kürzeren ziehen). Wenn man jede Entscheidung anhand dieser grundlegenden Philosophie analysiert, wird man dabei viel leichter auf die darin enthaltenen Kernfra-

gen stoßen, als wenn man die tägliche Arbeit nur unter dem Aspekt der Erweiterung der Marktanteile oder der Gewinnmaximierung angeht.
Wenn man dann eine Entscheidung auf der Basis von grundsätzlichen Überlegungen getroffen hat, kann man sicher sein, daß man seine Kräfte und Ressourcen nicht verzettelt.

Du kannst die aufgezeichneten Lehren dieses Buches nicht dadurch meistern, daß du sie nur liest und nachzuahmen suchst. Du mußt die Prinzipien statt dessen aus deinem Inneren heraus begreifen. Durch ernsthaften Einsatz und unablässiges Üben werden sie zu einem Teil deiner selbst werden.

Mit dieser Stelle lehrt uns Musashi ein entscheidendes Lebensprinzip; ein Prinzip, das unser westliches Selbstverständnis von Grund auf in Frage stellt:
Menschen können, wenn sie erfolgreich werden, wenn sie wirklich mit Höchstleistung »funktionieren« sollen, eben nicht wie Maschinen behandelt werden.
So darf Wissen nicht etwas sein, was man in seinem Gedächtnis speichert wie ein Computer Informationen. Würde das ausreichen, dann bräuchte man nur den menschlichen Experten im Computer exakt zu duplizieren.
Aber das Ureigene am menschlichen Intellekt ist eben, daß der Mensch über das reine »mechanische« Wissen hinauszuwachsen in der Lage ist. Er kann, basierend auf einer einzigartigen Mischung aus Fakten, Zusammenhängen, Intuition und Ahnungen, zu Entscheidungen gelangen, die sich hinterher als äußerst effektiv erweisen, ohne daß jemand tatsächlich bis ins Detail nachvollziehen oder erklären kann, wo diese richtige Entscheidung letztendlich herrührt. Selbst Expertensysteme im Computerbereich können diese geistigen Entscheidungsprozesse bisher nicht nachvollziehen, obwohl man in einem Expertensystem natürlich wesentlich mehr Fakten und Regeln speichern und bei der Entschei-

dungsfindung heranziehen kann, als der Mensch je in seinem Gedächtnis parat haben könnte.

Um diese einzigartige menschliche Fähigkeit zu aktivieren, muß allerdings eine gewisse Vorarbeit geleistet werden: Der Mensch selbst darf sich nicht damit begnügen, das jeweilige Wissen lediglich zur Kenntnis zu nehmen oder es sich als rein theoretische Information ins Gedächtnis einzuspeichern. Statt dessen muß er die neuen Erkenntnisse »verdauen«, sie bewußt in seinen bereits vorhandenen Schatz an Wissen und Erfahrung integrieren. Darüber hinaus muß er sich das Wissen so zu eigen machen und verinnerlichen, daß es zu einem integralen Bestandteil seines Wesens wird. Wie wir später noch sehen werden, ist das die Grundlehre Musashis: *Der perfekte Krieger ist nicht ein Mensch, der Kriegskunst erlernt hat, sondern der Mensch, der durch und durch Kriegskunst geworden ist.* Genauso ist der perfekte Manager der lebende Inbegriff von Management. Erst wenn er die Grundprinzipien erfolgreichen Managements so sehr in sich selbst aufgenommen hat, daß er spontan und automatisch als Manager agiert, ist er wirklich ein Manager. Dies gilt für die Anwendung von Musashis Prinzipien genauso wie auch für alle anderen Managementlehren, die man persönlich als für sich richtig erkannt hat. In besonderer Weise wird diese Intuition in Zeiten erhöhter Turbulenz wichtig, weil da der Spielraum für langfristige Überlegungen immer enger wird. Wenn das Chaos an Geschwindigkeit zunimmt, wird das instinktiv richtige strategische Handeln um so bedeutender.

Auf dem Weg des Kriegers (oder Chaosmanagers – Anm. d. Verf.), zum Beispiel im Kampf (oder bei Verhandlungen – Anm. d. Verf.), soll deine innere Haltung nie anders sein, als sie es normalerweise auch ist. Ob im Kampf oder im Alltag, du mußt immer derselbe bleiben.

Mit dieser Aussage gibt uns Musashi bereits den entscheidenden Schlüssel zur Verinnerlichung der rechten Prinzipien:

Ein erfolgreicher Krieger (oder ein erfolgreicher Chaosmanager) muß, wenn sein Erfolg garantiert und von Dauer sein soll, als Mensch erfolgreich sein. Es macht wenig Sinn, den Erfolg nur in einem Bereich des Lebens zu suchen und die anderen Bereiche außer acht zu lassen, denn: Wahrer Erfolg in einem Teilbereich des Lebens kann nur auf einem Gesamterfolg im Leben fußen.
Erst aus diesem ganzheitlichen Ansatz fließt die Kraft, die einen unbesiegbar macht. »Unbesiegbar« muß hier natürlich als relativer Begriff verstanden werden. Selbst der beste Krieger oder Manager ist vielen möglichen Katastrophen des Lebens hilflos ausgeliefert. Autounfälle, Flugzeugabstürze, Terroranschläge, Krankheiten etc. stehen nicht immer unter unserer persönlichen Kontrolle und können den besten Strategen treffen. Internationale wirtschaftliche Verflechtungen können dazu führen, daß eine Firma fast ohne ihr eigenes Zutun durch volkswirtschaftliche Ereignisse ruiniert wird – wobei dann allerdings zu fragen ist, ob wirklich die Abhängigkeiten weise gewählt und die Risiken richtig eingeschätzt wurden. Aber auch zu Musashis Zeiten gab es Naturkatastrophen, Seuchen oder auch nur kleine Infektionen, die, ohne Antibiotika und ohne entsprechende chirurgische Methoden und Instrumente, leicht zum Tode des besten Kriegers führen konnten.
Aber gerade in Situationen, in denen sich die Auswirkungen des unberechenbaren Chaos zum Beispiel in Form von Katastrophen zeigen, wird die Fähigkeit zum Chaosmanagement, die Fähigkeit, die bestmöglichen Schritte entschieden und zielsicher einzusetzen, gefordert.
Die meisten Menschen versagen aber immer noch aus persönlicher Schwäche und persönlichem Fehlverhalten. Unbesiegbarkeit resultiert aber nicht aus isoliert richtigem Handeln in bestimmten entscheidenden Situationen, sondern aus richtigem Denken und richtigem Leben als permanenter Lebensweise. Den Gesetzen komplexer, dynamischer Systeme muß ständig Rechnung getragen werden. Sol-

che Denkweisen kann man nicht erst dann sozusagen aus dem Nichts mobilisieren, wenn das Chaos sich voll ausbreitet.
Zunehmend wird dabei von Managementexperten auch die Bedeutung der innerbetrieblichen Organisation für die Fähigkeit zu flexibler, angemessener Reaktion auf Änderungen in den Umweltbedingungen erkannt:
Festgefügte Hierarchien mit genau festgelegten Strukturen und Befugnissen lähmen oft eine Organisation gerade in den entscheidenden Momenten erhöhten Chaos. Da sich in unserer Umwelt insgesamt eine immer stärker werdende Turbulenz bemerkbar macht, werden die Zeiträume, in denen es überhaupt eine Rolle spielt, welche Entscheidungen getroffen werden, immer enger. Werden aufgrund verkrusteter Strukturen solche zeitlichen Entscheidungsspielräume regelmäßig verpaßt, werden selbst ursprünglich festverwurzelte und auf dem Markt mächtige Unternehmen langfristig ins Wanken kommen.
Wer Musashis Lehren ernst nimmt, der wird auch seine Hierarchie chaosgerecht gestalten, so daß im Chaosmanagement trainierte Mitarbeiter ausreichend Freiraum für die nötigen Entscheidungen erhalten.
Wer sich andererseits als überzeugter Chaosmanager in einer Unternehmenskultur wiederfindet, die durch Starrheit und unerschütterliche Traditionen und Hierarchiegefüge mit langen Bewilligungswegen geprägt ist, der wird sich vor allem in Krisen auch innerbetrieblich durch effektives Chaosmanagement die Freiräume schaffen müssen, die er braucht, um auf Herausforderungen adäquat reagieren zu können. Wer in verkrusteten Systemen arbeiten muß, der sollte aber so bald wie möglich durch geschickte Verwirklichung von Musashis Prinzipien die Strukturen zumindest für sich persönlich so aufweichen, daß er einen optimalen Spielraum für eigene Aktionen herstellt. Als Grundsatz vermittelt uns Musashi mehrere Prinzipien:

1. Den Kontrast von Körper und Geist nutzen

Welches Menschenbild man auch immer haben mag, gewöhnlich wird jeder zugeben, daß im menschlichen Leben zwei verschiedene Bereiche eine Rolle spielen: Körper und Geist. Für Musashi äußert sich das darin, daß wir, während wir ruhig dasitzen, innerlich voller hektischer Aktivität in unserem Geist, unserem Denken sein können. Und umgekehrt: Während wir körperlich hoch aktiv sind, hin und her laufen, schreien, hastig arbeiten oder etwas erledigen, können wir trotzdem innerlich ganz ruhig und gelassen sein. Ein wichtiges Prinzip ist, wenn wir körperlich ruhig sind, in unserem Geist nicht träge und untätig zu werden, sondern die äußere Ruhe für vermehrte konzentrierte gedankliche Aktivität zu nutzen. Auf der anderen Seite müssen wir, vor allem in Zeiten hektischer äußerlicher Betriebsamkeit, besonders darauf achten, daß wir innerlich gelassen und ruhig den großen Überblick behalten.
Jeder, der schon einmal im hektischen Berufsleben stand, wird verstehen, was Musashi damit meint. Gerade wenn Termindruck aufkommt, ist es ja meist schwer, noch den Überblick zu behalten und nicht etwa sogar das Wichtigste zu vergessen oder zu übersehen. Diese Ruhe können wir auch in anderen Situationen unseres Alltags üben: Wenn wir spät dran sind, nicht aus dem Haus stürmen und dabei die Brieftasche oder wichtige Papiere, die wir im Büro brauchen, zu Hause liegenlassen. Auf der Autobahn gerade, wenn es hektisch und gefährlich wird oder man selbst unter Zeitdruck steht, einen kühlen Kopf bewahren und nicht mit Lichthupe oder Drängeln oder sturem Weiterfahren unseren unreifen Impulsen nachgeben. Musashi jedenfalls würde einem unbeherrschten Autofahrer auch keine echte Kontrolle über seine Gefühle bei schwierigen Geschäftsverhandlungen zutrauen.
Auf der anderen Seite gibt es aber auch die Menschen, die am Steuer ihres Wagens wie »eingeschlafen« wirken oder

die stundenlang abends ruhig vorm Fernseher sitzen und sich passiv »berieseln« lassen. Auch ihnen würde Musashi echte Führungsqualitäten abstreiten.
Bewußt an dem Erzeugen eines Kontrasts zwischen körperlicher und geistiger Aktivität zu arbeiten kann uns also helfen, produktiver zu werden, ohne in kopflose Betriebsamkeit zu verfallen.

2. Nach Ausgeglichenheit streben

Ein weiteres wichtiges Ziel für den erfolgreichen Strategen ist das Erreichen einer ausgeglichenen Geisteshaltung.
Man darf entscheidende Einzelheiten nicht übersehen. Es ist aber ebenso schädlich, sich von diesen Einzelheiten derart blenden zu lassen, daß man den Gesamtzusammenhang nicht mehr erkennen kann.
Wer apathisch ist, kann kaum etwas produzieren, weil ihm die nötige Energie fehlt. Deshalb muß man seinen Gefühlen bis zu einem gewissen Grad freien Lauf lassen. Sie spornen einen zu entsprechender Produktivität an.
Man muß seinen Mitarbeitern seine Ziele und Träume mitteilen, um sie mitzureißen und für die gemeinsame Sache zu begeistern. Man darf sich aber nicht völlig dabei bloßlegen, weil man dadurch verwundbar wird und die eigenen Pläne leicht sabotiert werden können.

3. Von einer höheren Warte aus urteilen

Ein guter Stratege und Führer muß in der Lage sein, sozusagen aus sich selbst herauszutreten und die jeweilige Sachlage objektiv zu beurteilen. Dazu gehört auch, sich in andere Menschen versetzen zu können.
Musashi empfiehlt dem Krieger, sich in die Lage von Kämpfern unterschiedlicher Körpergröße zu versetzen. In gleicher Weise muß jeder Manager anerkennen, daß Menschen unterschiedlich sind und selbst in vergleichbaren Positionen und bei vergleichbaren Aufgaben doch von ganz unter-

schiedlichen Gedanken motiviert sein können, oft ganz unterschiedliche persönliche Ziele in ihrer Arbeit haben und diese Ziele oft mit recht unterschiedlichen Methoden erreichen wollen. Menschen müssen deshalb individuell behandelt werden, und es erfordert viel persönliches Einfühlungsvermögen, andere erfolgreich zu führen oder sich mit ihnen erfolgreich auseinanderzusetzen.
Wie schon erwähnt, dürfen dabei die eigenen Neigungen und Vorlieben einem objektiven Urteil nicht im Wege stehen.

Betrachte alle Dinge mit einem klaren und offenen Geist. Es ist wichtig, daß du eifrig das Wissen erweiterst und die Dinge von einer höheren Warte aus zu sehen vermagst.

Man muß sich also nicht nur in die Lage der anderen versetzen können, sondern fähig sein, sich völlig von allen Standpunkten – auch den eigenen – loszulösen und die Gesamtsituation tatsächlich von einer höheren Warte aus zu beurteilen, einer Warte, bei der man sich selbst genauso als einen Spielball im Geschehen sieht wie die anderen auch, um dann objektiv zu entscheiden, was angesichts der Situation, wie sie sich im Überblick darstellt, jeweils zu tun ist.
Diese Eigenschaft der völligen Objektivität ist bei keinem Menschen ein natürlicher Impuls. Wir alle sind aufgewachsen mit dem Bewußtsein, daß die gesamte Welt genau so ist, wie wir sie empfinden. Es erfordert einen persönlichen Reifeprozeß, sich von dieser typischen, völlig subjektiven Perspektive des kleinen Kindes zu lösen und zu einer objektiven Einschätzung der Welt zu finden. Perfekte Objektivität ist erreicht, wenn man es schafft, sich, losgelöst von allen Beteiligten, vor allem von sich selbst, ein übergeordnetes Bild der Lage zu verschaffen.
Der Weg zu dieser Objektivität führt über die praktische Einübung der richtigen Haltung in den verschiedensten Lebensbereichen. Das Ziel ist dabei, letztendlich intuitiv das

Richtige vom Falschen, Recht vom Unrecht unterscheiden zu können. Man muß sich darin schulen, das sachlich und moralisch Richtige in jeder Situation spontan zu erfassen. Wer die richtigen Prinzipien verinnerlicht, wird über Täuschungen erhaben sein.

Wenn dich niemand mehr täuschen kann, wirst du zum erstenmal den Kern der Weisheit des Heihô (des wahren Weges des Strategen – Anm. d. Verf.) erreicht haben.

Dies ist der Kern, das letztendliche Ziel von Musashis Weg: Daß der Mensch es schafft, sich von den Täuschungen und Illusionen dieses Lebens zu lösen. Daß er nicht mehr davon geblendet wird, wie die Welt zu sein scheint, vom *Anschein* der Dinge, sondern sofort, spontan und instinktiv erfaßt, wie die Dinge wirklich sind, das wahre *Sein* der Dinge zu allen Zeiten erkennt.
Nun scheint es eine erstaunliche menschliche Eigenschaft zu sein, daß es Leuten oft relativ leicht fällt, die Tricks und Pläne anderer zu durchschauen, kaum ein Mensch aber in der Lage ist, auch sich selbst effektiv zu analysieren. Wer zum Kern des rechten Weges vorstoßen will, muß in der Lage sein, auch sich selbst, seine eigenen Schwächen, Wünsche und Begierden zu verstehen und zu sehen, wo er selbst zu seinem Versagen beiträgt und was ihn im Grunde wirklich motiviert. Selbsttäuschung zu überwinden ist damit das vielleicht edelste Ziel des Verfolgers des Weges Musashis zum effektiven Chaosmanagement. Und die wahre Selbsterkenntnis ist ein notwendiger Schritt in Richtung persönlicher Vervollkommnung.
Vor allem um sich auf Auseinandersetzungen und die Zeiten erhöhten Stresses vorzubereiten, empfiehlt Musashi die ständige Einübung der Prinzipien des *Heihô* im täglichen Leben. Nur wer auch unter Druck eine innere Gelassenheit bewahrt, weil sein Leben auf sicheren, verinnerlichten Prinzipien aufgebaut ist, erweist sich als wahrer Meister.

Die Bedeutung der rechten inneren Haltung

Bei allen Formen des *Heihô* ist es von entscheidender Bedeutung, die alltägliche Haltung zur Kampfhaltung zu machen und die Kampfhaltung zur alltäglichen.

Hier haben wir wieder das Prinzip, daß wir uns auf das Leben insgesamt und nicht auf bestimmte Teilaspekte davon konzentrieren sollen.

Um in kritischen Situationen erfolgreich zu sein, müssen wir eine ständige innere Haltung der Kraft und Entschlossenheit entwickeln. Gerade wenn wir unter Druck geraten, ist es meist zu spät, plötzlich uns selbst zum Positiveren, Stärkeren hin verändern zu wollen. Gerade in Krisenzeiten können wir anderen und uns selbst nichts vormachen. Eine schwungvolle, aufmerksame innere Haltung muß uns sozusagen in Fleisch und Blut übergegangen sein, *bevor* wir sie brauchen, denn unter Druck fallen die meisten Menschen in die Verhaltensmuster zurück, die nicht aufgesetzt sind, sondern ihrer normalen Grundhaltung entsprechen. Wer also in Krisensituationen kontrolliert sein will, muß immer kontrolliert sein. Wer flexibel und schwungvoll sein will, muß immer flexibel und schwungvoll sein (in seiner tagtäglichen Grundhaltung), wer ruhig und gelassen sein will, muß im Grunde seines Wesens ruhig und gelassen sein.

Ein zweiter Aspekt kommt hinzu: Krisensituationen lassen sich selten planen. Nur wer immer innerlich für Notfälle gewappnet ist, ist bereit, wenn der Notfall eintritt. Ein Krieger, der immer kampfbereit ist, wird auch dann schnell und effektiv reagieren können, wenn er plötzlich aus einem Hinterhalt angefallen wird. Jeder Manager, der oft nur einen Telefonanruf von einer möglichen Krise entfernt seine Arbeit verrichtet, sollte sich daran ein Vorbild nehmen.

Vom Standpunkt des Strategen aus ist es vor allem entscheidend, Fernes korrekt auch in den Einzelheiten zu verstehen und gleichzeitig das Nahe mit Distanz zu erfassen.

Eine Erläuterung dieser Aussage erübrigt sich fast. Jeder Manager kennt das Paradoxon, daß er ständig die momentane Sachlage mit kritischem Blick für die jeweiligen Details analysieren muß, während er sich gleichzeitig immer wieder darum bemühen muß, alle relevanten Entwicklungen in seiner Umwelt auf adäquate Weise in seine Überlegungen mit einzubeziehen. Je komplexer und verflochtener die wirtschaftlichen Vorgänge und die Einflüsse anderer Bereiche wie Gesetzgebung, Umweltschutz, die politische Lage weltweit etc. werden, desto wichtiger wird die Fähigkeit, die innerbetrieblichen Belange im gesellschaftlichen und sogar weltweiten Gesamtzusammenhang zu sehen und dabei mit sicherem Blick die relevanten Informationen über die Umwelt aus dem informationellen Überangebot unserer Zeit herauszufiltern.

Die speziellen Kampftechniken für den Chaosmanager

Wann immer du das Schwert ziehst, mußt du innerlich auch bereit sein, den Gegner niederzuschlagen.

Der Schwerpunkt liegt hier auf der Entschlossenheit: Alles, was man anfängt, muß mit der Entschlossenheit begonnen werden, es auch ohne Zaudern zu Ende zu führen. Das Leben läßt in dieser Hinsicht auch im wirtschaftlichen Bereich wenig Spielraum für Versagen. Wenn Plänemachen überhaupt einen Sinn hat, dann nur, wenn die feste Absicht besteht, die Pläne dann auch so, wie sie gefaßt wurden, mit aller Macht umzusetzen. Das hat nichts damit zu tun, daß man flexibel bleiben muß und Pläne anzupassen hat, sobald sich die Voraussetzungen ändern, auf denen sie basieren. Aber wer immer nur alles mögliche plant, ohne es wirklich ernst zu meinen, wer Papierberge nur um ihrer selbst produziert und dann in der Verwirklichung von Plänen nur halbherzig ist, kann niemals sein Ziel auf angemessene Weise erreichen.
Also lautet die Umsetzung dieses Prinzips für den Manager: Für welche Aktionen du dich auch immer entscheidest, so-

bald du den ersten Schritt tust, mußt du deine Pläne mit aller Macht durchsetzen. Jegliches Zaudern und Zögern auf dem Wege kann dich den sonst leicht erringbaren Sieg kosten. Projekte sollten nur dann begonnen werden, wenn man bereit ist, sie auch mit aller Macht und in kürzestmöglicher Zeit zu Ende zu führen.
Dabei muß man aber krampfhaftes Agieren vermeiden. Es hat keinen Sinn, sich einfach immer nur zu zwingen, Projekte zu Ende zu führen. Von Anfang an muß jedes Handeln von einem natürlichen Schwung getragen werden, der von ganz allein zur Vollendung der Pläne führt. Wenn Pläne nur auf krampfhafte Art und Weise umgesetzt werden können, sollte man sie von vorneherein fallenlassen. Was Musashi meint, ist: Keiner, der die Hand an den Pflug legt, darf zurückschauen, und wenn man nicht sicher ist, daß man den Wunsch zurückzuschauen bekämpfen wird, sollte man die Hand erst gar nicht an einen Pflug legen.
Musashi warnt in diesem Zusammenhang aber auch, daß Durchhaltevermögen zwar ein Zeichen von Stärke ist, man aber seine eigene Position schwächt, wenn man sich festfährt.

Egal ob du in einer bestimmten Situation schnelle oder langsame Schritte machst, bewege deine Füße immer so, wie es deinem normalen Gang entspricht.

Die Betonung liegt erneut auf der Einheit des Lebens. Ein weiterer Aspekt ist hierbei, daß man nicht gegen seine natürlichen Tendenzen zu handeln versuchen soll. Man soll auch bei schwierigen Unterfangen seinen normalen Rhythmus, seine eigene Persönlichkeit, seine eigene Art, die Probleme anzupacken, beibehalten. Man darf sich auch unter Druck nicht dazu verleiten lassen, sich selbst untreu zu werden.
Wenn man also denkt, daß die eigene, natürliche, spontane Art, die Dinge anzugehen, in Krisenzeiten nicht adäquat ist, sollte man nicht dann erst versuchen, eine neue Art »auszu-

probieren«, wenn es »brenzlig« wird, sondern sich statt dessen darum bemühen, daß die tägliche Arbeitsweise effektiver wird, so daß sie selbst in Krisen und in Zeiten großer Herausforderungen angemessen bleibt.

Auf keinen Fall sollte man immer nur einen Fuß benutzen.

Routine und Einübung der rechten Prinzipien darf aber keine Entschuldigung für Einseitigkeit werden. Wer immer nur nach den gleichen Methoden arbeitet, wird irgendwann einmal ineffektiv werden. Zudem ist es recht gefährlich, wenn man in seinen Aktionen und Reaktionen berechenbar wird. Gegen diese Einseitigkeit hilft schon, sich der Gefahr bewußt zu sein und gezielt darauf zu achten, daß man nicht in eine ineffektive, sinnentleerte Routine verfällt.

Welche Kampfstellung du auch immer wählst, konzentriere dich nicht auf sie, sondern sieh sie nur als Teil eines Prozesses: des Niederschlagens.

Zielorientiertheit ist hier angesagt. Mittlerweile gibt es unzählige Managementschulen und -ansätze, die alle für sich in Anspruch nehmen, am effektivsten für eine bestimmte Aufgabe zu sein.
Der Praktiker, der in erster Linie Erfolge erzielen muß, darf sich nicht in die dogmatischen Querelen hineinziehen lassen. Wie die angewandte Methode nun heißen mag oder welche Schule sie vertritt, ist nebensächlich. Was in der Praxis wirklich zählt, ist, den Ansatz zu finden, der ein spezielles Problem zu lösen hilft oder der den jeweils erwünschten Erfolg bringt. Man darf sich da nicht von theoretischen Wortspielereien ablenken lassen, sondern muß sich fest auf sein Ziel konzentrieren.

Welche Kampfstellung du auch immer wählst, wenn du die Aktionen des Gegners als Chancen nutzt und den Umständen entsprechend reagierst, wird es dir ein leichtes sein, den Gegner zu fällen ... wenn du aber nur ans Abblocken, ans

Parieren oder ans Durchhalten denkst, dann kannst du dich nicht auf das Niederschlagen konzentrieren. In allen Situationen muß man aber vor allem ans Niederschlagen denken. Das ist sehr wichtig.

Noch einmal betont Musashi, die Erreichung des gesteckten Zieles ist das einzige Kriterium für die Wahl der rechten Methode. Jeglicher Formalismus, der diese Absicht nicht fördert, sondern nur behindert, ist nicht von Nutzen, sondern schädlich.

In diesem Sinne sollte vor allem die »Bürokratie« kritisch unter die Lupe genommen werden. Auch im papierlosen Büro kann die Flut an Memos, Kurznachrichten und Berichten erschreckende Dimensionen annehmen (auch wenn dann keine Papierberge mehr entstehen, es werden doch die Computerarchive durch diese Notizenflut sinnlos überlastet). Besonders ist darauf zu achten, daß Konflikte zwischen Abteilungen nicht in einen regelrechten Papierkrieg ausarten. Wenn es sich nicht um Bereiche handelt, in denen eine schriftliche Dokumentation der Interaktionen der Abteilungen schon von der Sache her sinnvoll ist, sollte man als führender Manager solche schriftlichen Streitereien unterbinden und die Situation lieber von Grund auf bereinigen.

Insgesamt sollten Formalismen nur geduldet werden, wo sie den Unternehmenszielen direkt dienlich sind. Jeglicher Ballast muß gezielt abgebaut werden, weil er anderweitig einsetzbare Kapazitäten verschwendet und eine kaum noch zu überblickende Situation schafft, in der solche Mechanismen leicht ein ressourcenverbrauchendes Eigenleben entwickeln können.

Das Schwert ergreift man, um den Gegner zu fällen. Auch beim Parieren, Zurückschlagen oder Aufhalten des Gegners muß man daran denken, daß dies am Ende alles nur Gelegenheiten zum Niederschlagen sind. Dies gilt es immer im Auge zu behalten.

Bei allen Aktivitäten muß jede Organisation im Auge behalten, daß das letztendlich Entscheidende die Produktion von Dienstleistungen und Waren ist, die vom Markt gewünscht werden, und der Absatz dieser Produktionsleistungen.

Natürlich muß man dazu auch den Markt analysieren, muß Probleme vorhersehen, Pläne machen, erfolgreiche Öffentlichkeitsarbeit betreiben etc. Aber vor allem bei größeren Unternehmen kann diese Stabsarbeit solche Ausmaße annehmen, daß die eigentlichen Produktions- und die Marketingabteilungen selbst bei relativ guter Auftragslage nicht in der Lage sind, die tatsächlichen Unternehmensaufgaben, nämlich Produktion und Absatz, adäquat zu erfüllen.

Es ist deshalb wichtig, nie das eigentliche Ziel aller Unternehmungen aus den Augen zu verlieren. Letztendlich will man als Organisation einen Beitrag zum Allgemeinwohl leisten und zumindest so gut dafür honoriert werden, daß man als Organisation überleben kann und genügend Mittel übrig hat, um auch für die Zukunft einen sinnvollen Beitrag zum Markt und adäquate Marktanteile sicherzustellen. Das alles mag wie Binsenweisheiten klingen, aber wie oft werden solche einfachen Überlegungen außer acht gelassen, wenn es darum geht, eine neue Stabsstelle einzurichten oder vorhandene Kapazitäten auszubauen.

Vor allem in »fetten« Jahren wird oft nicht gefragt: Was hilft uns diese neue betriebsinterne Investition nun eigentlich bei der Erreichung unserer Unternehmensziele?

Laut Musashi müssen aber alle Aktionen letztendlich darauf abgestimmt werden, die langfristigen Ziele zu erreichen (und alle Aktionen in ihrer Gültigkeit auch daraufhin überprüft werden, ob sie diesem Anspruch genügen).

Nimm deine Position eine Schwertlänge vom Gegner ein. Bevor er sich nun zum Angriff entschließen kann, schlage innerhalb eines Augenblicks und ohne deinen Körper zu bewegen ohne erkennbare Erregung plötzlich zu.

Das entscheidende Prinzip ist hier sicher, immer bereit zu sein, die Gunst des Augenblicks zu nutzen.
Timing ist im Geschäftsleben oft alles. Wer zuerst kommt, mahlt zuerst, das gilt auch für den freien Markt. Und wer zuerst kommt, hat zudem einen entscheidenden Vorteil: Von der ersten Liebe in der Jugendzeit bis zur Marktführerschaft in einem Wirtschaftszweig sind alle menschlichen Erfahrungen vor allem von einem Gesetz geprägt: Wer zuerst den großen Eindruck macht, wer zuerst als die Nummer eins in einem bestimmten Bereich gilt, ist später nur schwer und nur mit erheblichen Anstrengungen von diesem Platz zu verdrängen, es sei denn, er macht grobe Fehler.
Marktlücken sollten deshalb, sobald sie erkannt worden sind, ruhig und gelassen, aber mit der angemessenen Zügigkeit besetzt und genutzt werden. Ist ein Konkurrent sich seiner Position nicht sicher und weiß nicht so recht, was er weiter damit anfangen soll, kann man ihn ruhigen Gewissens von dieser leidigen Denkarbeit befreien, indem man selbst in die marktwirtschaftliche Bresche springt.
Wer sich nicht weiterentwickelt, wird, zumindest in unserer freien Marktwirtschaft (ebenso wie im »wirklichen« Leben), mit großer Wahrscheinlichkeit bald auf der Strecke bleiben.

Zieht sich dein Gegner, sobald du zum Angriff übergehen willst, spontan zurück, dann täusche einen Scheinangriff vor. Der Gegner wird erst aufgeregt reagieren, sich dann aber bald wieder entspannen. In diesem Augenblick mußt du schnell zuschlagen.

Wenn man in einem Kampf um Marktpositionen gefangen ist, ist es oft nützlich, auszuprobieren, wie es eigentlich mit der Konkurrenz steht.
Eine der größten Firmen für PC-Software ist zum Beispiel bekannt dafür, daß sie anscheinend zuläßt, daß »unautorisierte« Versionen neuer Produkte vor dem offiziellen Veröffentlichungsdatum in Umlauf gelangen, um zu sehen, was

die Konkurrenz denn dazu zu sagen hat. In ähnlicher Weise nützen Software-Hersteller die Presse, um mit geschickt lancierten Insiderinformationen das Eis sozusagen zu testen.
Musashi empfiehlt, die echten Trümpfe noch in der Hinterhand zu lassen und erst einmal zu sehen, was die Konkurrenz zu sagen hat, bevor man sich wirklich festlegt.

Wenn dein Gegner sich noch auf einen Angriff vorbereitet, du aber bereits in einer Stellung bist, von der aus du ihn treffen kannst, dann konzentriere deinen Willen darauf, ihn niederzuschlagen. Beschleunige deine Hand auf ganz natürliche Weise und schlage hart zu.

Wenn man sieht, daß die Konkurrenz zögert, und sich entscheidet, selbst zum Angriff überzugehen, muß man dies in einem Bereich tun, in dem man sich seiner Sache sicher ist. Es hat keinen Sinn zu versuchen, krampfhaft in Marktbereiche vorzustoßen, die einem eigentlich von Natur aus (im Hinblick auf die jetzige Ausrichtung des Unternehmens) nicht liegen. Auch zögernde Gegner sollten nur angegriffen werden, wenn man sich seiner Fähigkeiten sicher ist und die Angriffe praktisch instinktiv durchführen kann. Bevor man handelt, muß man sicher sein, daß man das Fachwissen und die Produkte oder Dienstleistungen hat oder leicht entwickeln kann, die für die Eroberung des angepeilten Marktanteiles erforderlich sind. Wenn man sich sicher ist, daß man sich im richtigen Marktsegment bewegt, sollte man sich völlig seinen natürlichen Instinkten überlassen, in die Marktlücke treten und einfach das tun, was man von Natur aus am besten kann. Wenn die Analyse richtig war, ist der Erfolg praktisch unvermeidlich.

Wann immer du auch zuschlägst: Bewege das Schwert und den Körper nie gleichzeitig. Zuerst bringt man den Körper in eine Angriffsstellung, die der Angriffshaltung des Gegners entspricht. Dann erfolgt kurz darauf der Angriff mit dem Schwert. Manchmal schlägt man auch nur mit dem Schwert zu und hält den Körper unbeweglich. Aber normalerweise bewegt man zuerst den Körper und dann das Schwert.

Eine Annäherung mit dem Körper wird als weniger bedrohlich empfunden, solange der Angriff noch nicht erfolgt ist. In ähnlicher Weise sollte man auch in der Geschäftswelt einen Angriff auf den Markt zuerst auf unscheinbare Weise vorbereiten. Solange man lediglich im eigenen Haus Forschungen in eine bestimmte Richtung betreibt, wird die Konkurrenz kaum beunruhigt sein. Man kann ein Vordringen in den Markt also unter strenger Geheimhaltung gut vorbereiten, ohne jemanden kopfscheu zu machen.

Erst wenn man mit seinen Produkten an die Öffentlichkeit tritt, sozusagen mit dem Schwert zuschlägt, wird die Konkurrenz aufgescheucht (wenn man bei der Geheimhaltung vorsichtig war).

Unter bestimmten Umständen kann man auch einen bestimmten Markt mit weniger durchschlagskräftigen Produkten sondieren, bevor man seine wirklichen Trümpfe ausspielt.

Es gibt in dieser Hinsicht viele Möglichkeiten, sich zuerst unbemerkt und später dann offen an eine Auseinandersetzung heranzutasten.

EPILOG ZUM BUCH DES WASSERS

Auch den Tausend-Meilen-Weg geht man Schritt für Schritt. Halte dabei deinen Geist frei von Ungeduld. Dies erwächst aus der stetigen Übung und der vielfältigen Erfahrung.

Übung macht den Meister. Diese einfache Regel gilt auch für den rechten Weg. Die Prinzipien, die Musashi lehrt, sind für die Praxis vorgesehen. Es ist wichtig, sie sich gut einzuprägen. Aber das allein genügt nicht. Die Prinzipien müssen auch durch praktischen Einsatz erprobt werden. Sicher wird es Ihnen nicht schwerfallen, einige Anwendungsmöglichkeiten bei Ihrer täglichen Arbeit zu entdecken. Wenn Sie ein Meister im Chaosmanagement werden wollen, dann lohnt es sich, den Wert von Musashis Lehren in der Praxis zu erproben.

Wenn du dem Weg des Strategen folgst, wirst du heute bereits dein gestriges Selbst besiegen; morgen gewinnst du gegen diejenigen, die schlechter sind als du. Danach wirst du auch über Männer siegen, die dir heute noch überlegen sind – weil du dem wahren Weg genau gefolgt bist und deinen Geist auch nicht im geringsten davon abweichen ließest.

Letztendlich geht es nicht darum, nur in irgendeinem bestimmten Vorhaben Erfolg zu haben. Musashis Weg soll viel umfassender helfen: eine insgesamt sinnvolle Lebensweise zu finden. Das Ziel sind nicht individuelle Siege, sondern die Erlernung des richtigen Weges.

Der erste Schritt ist, was Covey in seinem Buch »Die sieben Wege zur Effektivität« über die Gewohnheiten erfolgreicher Menschen den privaten Sieg nennt.

Das erste Erfolgserlebnis, das ein Mensch, der sich aktiv mit Musashis Lehren befaßt, haben wird, ist, daß er sich selbst in seinem Denken und Handeln fortentwickelt. Die Steigerung der persönlichen Effektivität im Vergleich zu früher ist der erste Triumph des Anhängers des rechten Weges.

Danach werden sich auch Siege in Auseinandersetzungen mit anderen einstellen. Anfangs wird man nur diejenigen besiegen, die einem im Grunde schon immer unterlegen waren. Nur war man bisher noch nie dazu gekommen, die eigenen Kräfte sinnvoll zu bündeln und zielstrebig einzusetzen. Sobald man das gelernt hat, wird ganz automatisch eine Neuordnung der Kräfteverhältnisse eintreten.

Sobald man es aber mit Menschen zu tun hat, die größere Fähigkeiten und mehr moralische Kraft haben, bleibt nur ein Weg, um sich auch unter ihnen hervorzutun, von ihnen

als Führer anerkannt zu werden oder sie bei unterschiedlichen Meinungen in Auseinandersetzungen zu überwinden: Der einzige legitime und langfristig effektive Weg ist das Überwinden von Widerständen durch persönliches Wachstum. Wer unbeirrt immer mehr in das Praktizieren des rechten Weges hineinwächst, wird damit seinem eigenen Leben proportional dazu zusätzliche, vorher nicht dagewesene Kraft hinzufügen, bis er dann tatsächlich so an Statur zugenommen hat, daß er sogar die Besten überragt. Eine solche Vorgehensweise erfordert aber die volle Konzentration eines Menschen und kann nur erfolgreich sein, wenn man sich in seinem Wachstumsprozeß nicht beirren läßt.
Viele Menschen werden von Widerständen entmutigt. Der Erfolgreiche wird sich aber von ihnen nur zu noch größerem Wachstum anspornen lassen.

Egal wie viele Gegner du besiegst, wenn dein Sieg nicht auf dem beruht, was du in meiner Schule gelernt hast, dann war es kein wahrer Sieg durch den wahren Weg.

Es gibt natürlich viele Tricks und Kniffe, mit denen man (zumindest eine Zeitlang) in seiner Karriere vorankommen kann, erfolgreich in seinen geschäftlichen Unternehmungen ist, etc. Aber jeder Sieg, der nicht auf persönlichem Wachstum beruht, wird sich letztendlich als sinnlose Schaumschlägerei erweisen. Bei einem wahren Sieg ist der Sieger der Würdigere, der, dem es ganz objektiv gesehen gebührt, den Sieg errungen zu haben. Alle anderen, vorübergehenden Erfolge werden langfristig nicht zum gewünschten Ziel führen. Das Motto »Der Zweck heiligt die Mittel« gilt jedenfalls nicht, wenn der Zweck aller Unternehmungen die persönliche Vervollkommnung ist. Dann hat es keinen Sinn, Etappenziele mit unfairen Mitteln zu erreichen, weil der Einsatz solcher Methoden gleichzeitig den eigenen Charakter korrumpiert und damit gerade die Erreichung des wahren Zieles untergräbt und blockiert und im ungünstigsten Falle sogar unmöglich macht.

Wenn man auf Musashis rechtem Pfad der Erleuchtung bleiben will, darf man nicht vergessen, daß das Ziel nicht die Mittel rechtfertigt. Nur wer seine Ziele in rechter Weise erreicht hat, hat sich dabei auf dem wahren Pfad befunden.

Wenn du aber den Kern dieser Lehren verinnerlichst, so wirst du wissen, wie du auch Dutzende von Gegnern ganz alleine im Kampf überwinden kannst. Wer die Macht wahrer Strategie kennt, wird sowohl ganze Schlachten als auch jeden Zweikampf gewinnen.

Wer auf die rechte Weise kämpft, der wird, je näher er seinem Ziel der persönlichen Vollkommenheit kommt, immer schwerer zu besiegen und am Ende unschlagbar sein.
Denn der errungene Sieg basiert dann auf Wahrheit. Wer gewinnt, indem er zuallererst und am meisten an sich selbst arbeitet und sich selbst vervollkommnet, der wird mit jedem Sieg auch immer mehr an echter Substanz durch diese erneute Erfahrung hinzugewinnen und am Ende an dem Punkt angelangen, wo er für keinen mehr besiegbar ist.
Dies ist das höchste Ziel: durch echtes Wachstum unantastbar zu werden.
Sobald man damit seine engere Umgebung überragt, werden viele noch schwelende Konflikte und Angriffe abflauen. Denn wer sich als eindeutig überlegen erwiesen hat, wird meistens respektiert und in Ruhe gelassen.
Danach bleibt dem so Erfolgreichen nur, sich an sich selbst zu messen und darauf zu achten, daß er sich tatsächlich unaufhörlich weiterentwickelt und weiterverbessert.
Dies sind entscheidende Ratschläge Musashis. Äußerst viel Energie geht auch innerbetrieblich durch sinnlose Grabenkämpfe verloren. Solche Machtkämpfe fressen sehr viel Arbeitsleistung: Wer ständig in irgendwelche Querelen verstrickt ist, kommt kaum dazu, nebenbei auch noch besonders produktiv zu sein.
Diesem Übel kann man oft nur abhelfen, indem man aus einer gewissen betrieblichen Umgebung förmlich heraus-

wächst. Das hat noch nicht einmal unbedingt etwas mit den jeweiligen Titeln zu tun, die man trägt. Auch Vorgesetzte oder Höherrangige werden angegriffen, wenn man sie für angreifbar hält.

Man muß sich in solchen Situationen vergegenwärtigen, daß es immer wieder Menschen gibt, die das – nach ihren persönlichen Fähigkeiten gemessen – Höchste erreicht haben. Solche Mitarbeiter sind oft unterschwellig ständig dabei, eine neue Hackordnung zu etablieren. Wer als angreifbar gilt, wird angegriffen, und man versucht ihn in eine niedrigere Rangfolge innerhalb der Hackordnung zu drängen. Vor allem Menschen, die sich in einer Stellung wiederfinden, der sie nicht gewachsen sind, die ihre Fähigkeiten übersteigt, sind ständig mit dem Versuch beschäftigt, die inoffizielle Betriebshierarchie durch Manipulation statt durch Leistung zu ihren Gunsten umzugestalten. Ein anderer Typ aus dieser Kategorie sind Kollegen, die sich für unterbewertet halten, es in Wirklichkeit aber nicht sind. Solche Menschen haben es meist aufgegeben, durch echte Leistung und persönliche Entwicklung weiterzukommen. Instinktiv spüren sie, daß sie in dieser Hinsicht eine persönliche Grenze erreicht haben. Sie versuchen daher, mit psychologischen Tricks, über die Gerüchteküche im Büro, über Anschwärzen beim Chef und Verunsicherungstaktiken einen höheren Rang herauszuschlagen und jeden Neuankömmling auf einen niedrigen Platz in der Hierarchie zu drängen. Wer ihrem Drängen nachgibt und sich ihrem Geltungsdrang unterwirft, kann dadurch eine relativ sichere Position für sich herausschlagen (wenn er dabei nicht in den Hackordnungsradius eines anderen fachlich inkompetenten Mitarbeiters gerät). Der Preis für einen solchen Frieden ist aber der Stillstand des eigenen Wachstumsprozesses.

Wer nicht bereit ist, sich um des lieben Friedens willen inkompetenten Konkurrenten unterzuordnen, weil er auf persönliches Wachstum Wert legt, kann nur dann eine friedliche Beilegung des Konfliktes erreichen, wenn er aus diesem

Konflikt herauswächst. Wer sich in seinem persönlichen Wachstum nicht beirren läßt, wird irgendwann einmal einen solchen leistungs- und fähigkeitsbedingten Abstand zu den notorischen Machtpolitikern erzielt haben, daß er für diese relativ unangreifbar geworden ist.

Wenn eine Firma von solchen Machtpolitikern völlig durchseucht ist, kann man auch durch einen Wechsel der Firma über diese jeweilige Ebene hinauswachsen und sich den sinnlosen Streitereien entziehen. Unternehmen, die allzusehr von internen Machtkämpfen in ihrer äußeren Effektivität behindert werden, sind den Anforderungen des freien Marktes auf Dauer meist nicht gewachsen. Spätestens in Zeiten der Rezession, wo sich kaum einer mehr Ressourcenverschwendung leisten kann, geht diesen Unternehmen schnell die Luft aus.

Manager sollten sich dieser Gegebenheiten bewußt sein. Nicht nur, weil solche Aspekte ihren persönlichen Karriereweg beeinflussen können, sondern auch, weil es eine wichtige Aufgabe für sie sein wird, solch machtpolitisches Taktieren, das letztendlich nur die Betriebsatmosphäre vergiftet, möglichst entschlossen und umsichtig zu unterbinden.

Für den attackierten Manager empfiehlt Musashi jedenfalls ein eifriges Wachsen bis an den Punkt, wo man für andere unangreifbar geworden ist. Danach kann man sich mit mehr Ruhe auf die eigentliche Aufgabe der eigenen Leistungserbringung und der beständigen persönlichen Vervollkommnung konzentrieren.

Daß dieses Ziel keine leere Illusion ist, hat Musashi bewiesen, indem er durch seinen eigenen Weg in seinem eigenen Bereich zu seiner Zeit unbesiegbar wurde.

KONKRETER AKTIONSPLAN

DIE MACHT DES KLAREN, FLEXIBLEN DENKENS

1. DOMINANZ DER REALITÄT
   → Faktenorientierung
   → Eigen-Authentizität

2. INTEGRIERTES DENKEN UND HANDELN

3. DUALISMUS VON GEIST UND MATERIE

4. SPEZIELLE METHODIK
   → Entschlossenes Agieren
   → Rezeptives Denken
   → Kontinuierliche Perfektionierung

ERLÄUTERUNG DER ÜBERSICHT

Das Ziel ist es, die **Macht des klaren, flexiblen Denkens** zu nutzen.
Dazu bedarf es zuerst einer Anerkennung der **Dominanz der Realität.** Effektives Chaosmanagement benötigt einen ständigen Überblick über die tatsächlichen Abläufe in relevanten Umweltfeldern. Diese *Faktenorientierung* muß durch ein beständiges Monitoring-System zum Ausdruck gebracht werden. Externe Trends und interne Stimmungen müssen korrekt und systematisch erfaßt werden. Auch der Manager selbst muß sich und seine Position im Unternehmen und im persönlichen Bereich objektiv und zutreffend einschätzen wollen und können.
Der Respekt für die Dominanz der Realität beinhaltet aber auch das Element der *Eigen-Authentizität.* Wer die Realität

wirklich respektiert, der wird nicht nur darauf bestehen, daß er die Impulse und Informationen seiner Umwelt erfaßt und korrekt bewertet, sondern auch darauf, daß er authentische Information über sich selbst und sein Unternehmen an die Umwelt abgeben kann. Ermöglicht wird dies durch Treue zu sich selbst. Wer so ist, wie er sich geben möchte, kann sich so geben, wie er ist. Eigen-Authentizität erkennt auch an, daß man nicht manchmal wirklich anders sein kann. Man muß immer so sein, wie man zu seinen besten Zeiten sein möchte.

Der nächste Schritt ist die **Integration von Denken und Handeln.** Jeder Plan und jede Maßnahme muß dem langfristigen Lebens- bzw. Unternehmensziel entsprechend eingeordnet werden. Denken und Handeln müssen dabei in Einklang stehen.

In Kontrast zu dieser Ganzheitlichkeit steht aber die Spannung, die aus dem **Dualismus von Geist und Materie** erwächst. Wir können innerlich anders sein, als es den äußeren Anschein hat. Dieses Paradoxon kann dazu benutzt werden, für andere in positiver Weise unberechenbar und nicht manipulierbar zu bleiben. Es kann uns auch helfen, gerade in Krisensituationen die innere Kontrolle zu behalten, ohne in weniger fordernden Zeiten in mentale Trägheit zu verfallen. Statt dessen können wir aus unserer inneren Stärke heraus die äußeren Umstände in strategischer Weise umgestalten.

Im Bereich der **speziellen Methodik** sollten wir dabei vor allem folgende Aspekte beachten: *Entschlossenes Agieren* ist notwendig, um erkannte Chancen, die in chaotischen Systemen immer nur kurzfristig auftreten werden, zu nutzen und Handlungsdefizite rechtzeitig und effektiv auszugleichen. *Rezeptives Denken* bedeutet, mit einem offenen Geist alle Einflüsse in sich aufzunehmen und dann intuitiv in angemessener Weise zu reagieren. Wie Wasser einen Hohlraum, so füllt unser Denken die jeweilige Situation aus, bis es sie völlig erfaßt hat. Dann werden wir automatisch aufgrund der verinnerlichten Prinzipien des Chaosmanagements in perfekter Weise auf die jeweilige Situation reagieren. Widerstände, die vor allem von wenig kompetenten Zeitgenossen unweigerlich kommen werden, werden dabei am besten durch eigene *kontinuierliche Perfektionierung* überwunden.

Entschlossenes Agieren auf Unternehmensebene kann durch flache Hierarchien und kurze Entscheidungswege gefördert werden. Rezeptives Denken erfordert regelmäßige SWOT-Analysen, bei denen externe und interne Faktoren ständig im Auge behalten werden. Kontinuierliche Perfektionierung kann sich in Total Quality Management, Think-tanks etc. ausdrücken. In diesem Buch werden diese Möglichkeiten nur sporadisch angesprochen, denn es geht hier nicht darum, simple Checklisten zu liefern. Gerade das widerspricht dem, was Musashi uns zu lehren sucht. Letztendlich liegt es bei Ihnen selbst, die Lehren Musashis in Ihren eigenen Managementalltag zu übertragen. Das Ziel ist, Musashis Denkweise zu verinnerlichen. Die konkreten praktischen Anwendungen für seinen jeweiligen Bereich ergeben sich dann für jeden Manager von ganz alleine.

Für jede der Tabellen, die Sie in diesem Buch finden, sollten Sie sich etwa drei Wochen Zeit nehmen. Legen Sie sie sich einfach auf den Schreibtisch und denken Sie regelmäßig über die darin aufgeführten Punkte nach. Man sagt, daß es drei Wochen dauert, bis man selbst bei ständiger Übung alte Gewohnheiten verlernt und neue Gewohnheiten angenommen hat. Geben Sie sich also drei Wochen Zeit, den Inhalt der Tabelle auf Ihren Alltag anzuwenden. Jede der Tabellen in diesem Buch zeigt Chaosmanagement von einer etwas anderen Warte. Wenn Sie jede einzeln in Ihren Alltag integrieren, werden Sie damit Chaosmanagement in all seinen Schattierungen tief in Ihrer Arbeit verwurzeln. Lassen Sie es darauf ankommen. Sie haben ja nichts zu verlieren. Die kommenden turbulenten Jahre werden zeigen, daß Sie viel dabei gewinnen konnten.

DAS BUCH DES FEUERS

Das Feuer ist die Mutter der Schlacht.
Herodotus

PROGRAMMIERTE UNTERWEISUNG

Das dritte ist das »Buch des Feuers«. Es handelt vom Kampf. Ein Feuer kann klein oder groß sein. Es liegt in seiner Natur, sich plötzlich und drastisch zu verändern. Das gleiche gilt auch für den Kampf ... Das Thema des Buches des Feuers sind die Dinge, die sich rasch verändern, und die Situationen, bei denen der Augenblick zählt. Die Stärke des Weges der Strategie liegt darin, in solchen Situationen unbeirrt kämpfen zu können, weil man sich tagtäglich darauf vorbereitet hat. Aus diesem Grunde wird in diesem Buch die Frage behandelt, wodurch man im Kampf siegen kann.

In seinem dritten Buch beschreibt Musashi den Ablauf der eigentlichen Krise – des Kampfes –, auf die sich der Stratege beständig vorbereitet. Kommt es nie zur eigentlichen Krise, dann kann jeder leicht Stratege sein. Bevor die Schwerter gezogen werden, ist jeder ein großer Krieger. Wahre Größe des Chaosmanagers beweist sich aber erst dann, wenn er auch in der Krise überlegen bleibt.
Krisen können uns natürlich auf unterschiedlichen Wegen befallen. Ein Unternehmen kann allein durch interne oder auch durch externe Ereignisse und Entwicklungen in eine Krise geraten – manchmal unvermeidlich. Aber auch ganze Wirtschaftszweige, nationale Ökonomien oder gar die sogenannte Weltwirtschaft können gemeinsam in eine Krise schlittern. Für das einzelne Unternehmen und auch den ein-

zelnen Manager in diesem Unternehmen ändert dies nichts an der Tatsache, daß gewissermaßen das Feuer der Krise nun ausgebrochen ist und die Umstände nach einer entschiedenen Lösung schreien.
Das Symbol des Feuers ist dabei gut gewählt, denn wie beim tatsächlichen Brand so gilt auch in jeder echten Krise: Der Zeitfaktor spielt eine entscheidende Rolle. Wenn es brennt, liegen oft nur wenige Sekunden zwischen einem harmlosen Schrecken und einer tödlichen Tragödie.
Die Krise eines Unternehmens ist zwar nicht so extrem zeitabhängig, aber das Prinzip bleibt gleich. Maßnahmen, die, frühzeitig getroffen, die Krise leicht bezwingen könnten, sind manchmal nur kurze Zeit später völlig nutzlos und haben dann plötzlich keinerlei Auswirkung auf das mögliche Überleben eines Unternehmens.
In der Krise muß also schnell und entschieden gehandelt werden. Da helfen keine langfristig angelegten Strategien. Da muß sofort eine geeignete Vorgehensweise gefunden werden.
Natürlich kann man auch die Krise in gewissem Maße planen.
Weil Menschen wissen, daß manchmal Feuer ausbricht, hat man schließlich die Feuerwehr ins Leben gerufen. Aber Krisen im Wirtschaftsbereich können nie in allen Details exakt vorausgeplant werden. Immer bleibt da das unkalkulierbare Element, immer ergeben sich Möglichkeiten einer Fehlentwicklung oder einer Bedrohung, die niemand voraussehen kann.
Trotz aller Planungen gibt es immer weniger die Gewißheit, daß alles unter Kontrolle gehalten werden kann. Je komplexer unsere Welt wird, desto mehr können einfache Ereignisse in einer Krise gipfeln.
Dabei muß man den Begriff Krise natürlich relativieren. In unserem Sprachgebrauch hat Krise den Anschein von etwas Unnatürlichem, das als plötzliche Bedrohung auftritt. Im ursprünglichen Sinne ist mit Krise aber nur ein Zustand ge-

meint, bei dem die Ereignisse auf der Kippe stehen und in zwei unterschiedliche Richtungen, die subjektiv als positiv beziehungsweise negativ empfunden werden, verlaufen können. Mit den Begriffen des Chaosmanagements würde man von einem labilen Zustand sprechen. Viele unternehmerische Maßnahmen führen heutzutage bei weitgehend gesättigten und fluktuierenden Märkten zu labilen Zuständen. Es ist deshalb wichtig zu wissen, wie man solche Zustände, auch wenn man sie selbst durch eine neue Werbekampagne, eine neue Produktreihe etc. herbeigeführt hat, sogar auf einem turbulenten Markt zu einem möglichst positiven Ergebnis führen kann.
Musashi sieht in der Krise kein ernsthaftes Problem. Jeder Krieger bereitet sich letztendlich darauf vor, daß es zu einem unausweichlichen Kampf kommen kann. Erst in der Auseinandersetzung erweist sich schließlich die wahre Größe eines Kriegers.
Analog dazu sollte der echte Chaosmanager auch keine Krise fürchten. Im Gegenteil, wenn er wirklich im Handhaben des Chaos trainiert ist, sollte er in seinem ureigenen Element sein, wann immer die Umstände turbulenter werden.
In seinem dritten Buch geht Musashi auf die Frage ein, wie man mit der Krise nicht nur fertig wird, sondern sie sogar in einen überwältigenden Sieg verwandelt. Der Schlüssel liegt darin, in einer Krisensituation intuitiv die richtige Reaktion zu zeigen.
Musashi vergleicht die Krise, die für den Krieger vor allem in der Schlacht liegt, mit den Eigenschaften des Feuers. So unberechenbar wie das Feuer, das manchmal lichterloh brennt, dann wieder ruhiger wird, um kurz darauf wieder aufzulodern, so ist auch die Situation, der sich ein Krieger in der Schlacht gegenübersieht.
Es gibt zwei wichtige Komponenten, um in schwierigen Situationen zu bestehen.
Die erste Komponente besteht darin, alle Unternehmungen mit Ernsthaftigkeit anzugehen.

Bei meinem Weg des Schwertkriegers und Strategen geht es um Situationen, wo das eigene Leben auf dem Spiel steht, wo es um Leben und Tod geht.

Es gibt kaum Katastrophen, in die jemand sehenden Auges hineingeht, oder Fehlentscheidungen, die ein Manager bewußt trifft. Oft wird eine Krise dadurch ausgelöst, daß im Vorfeld über kurze oder lange Zeit falsch entschieden und nachlässig gearbeitet wurde.
Ein guter Stratege wird auch bei nebensächlichen Entscheidungen des geschäftlichen Alltags die möglichen Konsequenzen im Auge behalten.
Viele Entscheidungen bringen unbewußt Überzeugungen zum Ausdruck, die man, wäre man direkt mit ihnen konfrontiert, ablehnen würde.
Erst wenn solche Entscheidungen zum Skandal führen, wird einem plötzlich bewußt, daß man in einer Weise gehandelt hat, als würde einen die Gesetzeslage oder die öffentliche Meinung nicht interessieren. Erst wenn große Konflikte unter den Mitarbeitern auftreten, wird einem Manager vielleicht bewußt, daß er, ohne es zu merken oder wirklich zu beabsichtigen, einen seiner Untergebenen besonders gefördert und bevorzugt und dabei unachtsam aufs falsche Pferd gesetzt hat.
Wenn solche Entscheidungen und Verhaltensweisen zu unangenehmen Situationen führen, fällt es den leitenden Managern manchmal wie Schuppen von den Augen, auf was sie sich da unbedachterweise eingelassen haben.
Aber solches Erkennen muß nicht folgen. Gar nicht selten akzeptiert man einfach die Tatsache, daß eine Krise ganz überraschend (und, wie mancher vielleicht denken mag, auch ungerechterweise) eingetreten ist, für die man keine Schuld zu tragen glaubt.
Es ist deshalb wichtig, *alle* Entscheidungen, die man trifft, ernst zu nehmen. Auf diese Weise vermeidet man, aus Unbedachtheit Krisen selbst heraufzubeschwören oder seine

eigene Position in einer unvermeidbar auftretenden Krise unnötig zu schwächen.
Musashi, der des öfteren Kämpfe auf Leben und Tod zu bestehen hatte, weiß diesen Punkt besonders zu schätzen: Wer die Krise meistern will, muß alle seine Entscheidungen, auch diejenigen, die er in Zeiten der Ruhe trifft, so ausrichten, daß er immer die bestmöglichen Mittel hat, mit jeder Krise fertig zu werden.
Kein Unternehmen ist perfekt, kein Manager trifft nur ideale Entscheidungen, aber keine Krise, selbst auf weltweiter Ebene, vernichtet alle Unternehmen; die relativ Stärkeren und Besseren werden überleben.
Wer stärker und besser auf die Krise vorbereitet ist, das entscheidet sich aber meist, lange bevor die Krise zuschlägt. Vor allem in den fetten Jahren erlauben es sich viele Unternehmen, verschwenderisch und träge zu werden. Wer nur deshalb, weil gegenwärtig kein besonderer finanzieller Druck auf dem Unternehmen lastet, keine Anstrengungen zur Steigerung der Produktivität unternimmt, wird vielleicht zu spät feststellen, daß wenn die Krise mit voller Wucht zuschlägt, die Zeit für Änderungen bereits vorbei ist.
Dies trifft auch auf den einzelnen Manager zu. Vor allem in großen Konzernen sind die Führungskräfte oft mehr damit beschäftigt, die eigenen Besitzstände innerhalb der Organisation zu wahren, als sich wirklich ständig erneut als positive Faktoren für das Wachstum des Unternehmens zu erweisen.
Wer auf Musashi hört, für den gibt es keine trägen Zeiten. Der ideale Chaosmanager wird immer strategisch denken und entscheiden, egal ob es seinem Unternehmen gerade gut- oder schlechtgeht. Er wird nie stillstehen, und er wird sich immer für unnütz halten, wenn sein Beitrag zum Wohl seiner Firma nicht beständig besser und hilfreicher wird.
Der gute Krieger nutzt die Zeit zwischen den Schlachten, um sein Schwert zu schleifen und seine Kampftechniken zu verbessern. Und ob Frieden oder Krieg, er wird darauf achten, daß ihn seine Lebensweise in optimaler Siegerform hält.

Das gleiche gilt für den Chaosmanager. Egal ob Zeiten des Wachstums und des Wohlstandes oder Zeiten der Rezession, ein guter Manager wird jede Entscheidung ernst nehmen. Denn jede Handlung stärkt oder schwächt auf lange Sicht das Unternehmen. Und Unternehmen, die über längere Strecken in den fetten Jahren durch unüberlegte und ineffektive Maßnahmen geschwächt wurden, haben kaum eine Überlebenschance, wenn die Krise dann plötzlich mit voller Wucht zuschlägt.
Die zweite Komponente liegt also im stetigen Üben, vor allem wenn man auch noch anderen die rechten Managementprinzipien beibringen möchte:

Wenn du glaubst, daß du als einziger in der Welt meinen Weg der Strategie erfassen kannst (das heißt: wirklich dafür auserwählt bist – Anm. d. Verf.), wenn du dich mit ganzem Herzen dem Meistern dieses Weges widmest, wenn du Tag und Nacht übst und deine Fähigkeiten immer mehr vervollkommnest, dann wirst du eine ungeheure innere Freiheit erringen und die Macht, Wunder zu wirken.

Egal ob Krieg oder Frieden, der wahre Krieger hört nie auf, sich in seinen Fähigkeiten zu vervollkommnen. In gleicher Weise wird der gute Chaosmanager nie damit aufhören, sich und seinen Bereich ständig gezielt zu verbessern.
Es ist eine Folge der menschlichen Trägheit, sich von außen kontrollieren zu lassen. In kritischen Zeiten sind die Sinne geschärft, und man strengt sich nach bestem Vermögen an. Sobald die Zeiten aber ruhiger werden, läßt man nach. Der Wachtposten schläft ein, sobald er glaubt, es bestehe keine Gefahr. Diese Haltung beschwört oft die Gefahr erst herauf. Wenn dann die Krise kommt, werden nicht die Perfekten überleben und letztendlich sogar von der Krise profitieren (denn es gibt ja keine Perfekten), sondern die *relativ Stärkeren*. Wenn jedem Manager auch in Zeiten des scheinbar problemlosen Wachstums bewußt wäre, daß wahrscheinlich nur die fünfzig Prozent bestgeführten Unternehmen seiner

jeweiligen Branche die nächste Rezession überstehen werden, würden manche scheinbar wenig kontroversen Entscheidungen sorgfältiger durchdacht werden.
Anschließend gibt Musashi wertvolle Tips für die Vorbereitung auf eine Auseinandersetzung:

Es ist wichtig, die örtlichen Gegebenheiten richtig zu beurteilen.

Für den Manager bedeutet das: Ohne Marktforschung kann es keine sinnvolle Auseinandersetzung mit der Konkurrenz geben. Wer erfolgreich sein will, muß zuerst wissen, worauf er sich eigentlich einläßt und welche Maßnahmen den besten Erfolg versprechen.
Es heißt auch, daß jeder Manager darauf achten muß, daß er über seinen eingeengten eigenen Verantwortungsbereich hinaus darüber informiert bleibt, was in anderen Unternehmensbereichen und auch was in der Gesellschaft im allgemeinen vor sich geht.
Wer sich da blauäugig nur auf den direkten eigenen Verantwortungsbereich beschränkt, kann böse Überraschungen erleben. Intern gilt es besonders darauf zu achten, welche persönlichen Motivationen die anderen Manager bewegen. Selbst ein Projekt, das eindeutig dem Wohl des ganzen Unternehmens dient, kann scheitern, weil irgendein Manager es aus persönlichen Gründen ablehnt. Nicht zuletzt geht es im Unternehmen leider allzuoft (und im ungünstigsten Falle vor allem) um die persönlichen Karrieren der Manager.
Gleichzeitig wird von Managern meist erwartet, daß sie Bedrohungen von außen rechtzeitig erkennen und adäquate Präventivmaßnahmen ergreifen.

Man muß sich bemühen, so hoch wie möglich zu stehen, damit man auf seinen Gegner herabsehen kann.

Ein Weg, eine zumindest etwas günstigere Position einzunehmen, ist, darauf zu achten, daß man in der Qualität seiner Produkte und Dienstleistungen die Konkurrenz tatsäch-

lich übertrifft. Wenn man sich auf die Frage der eigenen Verbesserung konzentriert, wird man unter Umständen entdecken, daß es noch viel kreative Möglichkeiten gibt.
Zudem hat natürlich jede Firma ihre Eigenheiten, die unter Umständen als Vorteile genutzt werden können, wenn man sie als Stärken (wieder)entdeckt.
Es ist eine Binsenweisheit, daß man kaum jemals etwas erreicht, was man sich nicht vorher als Ziel gesteckt hat. Genauso wie der Krieger die physisch höhergelegene Position als Vorteil anstreben sollte, so sollte sich jedes Unternehmen bemühen, tatsächlich besser als die Konkurrenz zu sein. Akzeptable Gewinne zu machen ist da nicht gut genug. In der Krise können Gewinne schnell dahinschmelzen. Nur wer zielstrebig eine überlegene Position anstrebt, kann auf die Dauer Erfolg haben.
Musashi empfiehlt, der Konkurrenz keine Ruhe zu gönnen, sich statt dessen immer wieder einen Vorsprung zu sichern.
Für die eigentliche Attacke empfiehlt Musashi verschiedene Methoden:

Die erste der drei Angriffsmethoden besteht darin, selbst die Initiative zu ergreifen.

Obwohl es mittlerweile im Rahmen moderner Managementideen fast ein Klischee ist, ist es doch ein äußerst wichtiges Konzept, in allen Bereichen proaktiv zu sein.
Musashi hat diese Methode schon vor dreihundert Jahren entwickelt: Meist ist aktiv werden der beste Weg, entscheidende Ziele zu erreichen.
Dies trifft auch auf betrieblicher Ebene zu, wo eine frühzeitige Aktion oft entscheidend für den Erfolg ist.
Derjenige, der zuerst neue Produkte auf den Markt bringt, hat oft – wenn auch nur für Monate – den größeren Erfolg. Daher ist es wichtig, Innovationen zügig voranzutreiben und kreative Ideen in verschiedenen Bereichen zu entwickeln.

Vor allem in Zeiten, in denen der Markt gesättigt ist, gibt es
– wie Kommunikationsexperten wissen – kaum etwas Wichtigeres, als beim Kunden ein gepflegtes Image zu haben. Die richtige Positionierung ist da von entscheidender Wirkung. Wer von den Kunden als Topunternehmen im jeweiligen Bereich angesehen wird, der hat mit Sicherheit gute Überlebens- und Wachstumschancen. Angriff, das Ergreifen der unternehmerischen Initiative, ist deshalb von entscheidender Bedeutung. Ist die (imagemäßige) Topposition noch nicht besetzt, dann kann man sie durch angemessene Initiative erobern. Sollte sie bereits besetzt sein, dann tut man gut daran, frühzeitig an dieser Situation zu rütteln oder zumindest eine möglichst hohe Position in der Branche zu erreichen (es sei denn, man ist bereit, seine Schwerpunkte auf weniger festgelegte Bereiche zu verlagern).
Aber auch innerbetrieblich kann das Prinzip der Proaktivität dazu eingesetzt werden, in einer Karriere voranzukommen und dabei in Bereichen zu arbeiten, die einem wirklich liegen.
Fast in jeder Organisation gibt es Aspekte, die bisher vernachlässigt wurden und noch ausbaufähig sind. Wer sich für die Arbeit auf diesen Gebieten interessiert, kann sich durch Eigeninitiative vielleicht eine verantwortungsvolle Stellung sichern. Dies ist auch für sein Unternehmen nützlich, weil Mitarbeiter in der Regel dann am effektivsten sind, wenn sie an ihrer Arbeit Interesse haben.
Auch bei Geschäftsverhandlungen ist es natürlich von Vorteil, wenn man selbst das Niveau bestimmt, indem man als erstes gewisse Vorgaben herausstellt.
Das Verhalten, das man bei einem solchen Vorstoß an den Tag legt, kann laut Musashi unterschiedlich sein und hängt von der eigenen Erfahrung und den eigenen Möglichkeiten ab:
Wer nicht sehr erfahren ist, kann sich laut Musashi die Methode des paradoxen Verhaltens zunutze machen: entweder bei ruhigem Auftreten unterschwellig höchst aktiv angreifen oder hektische Betriebsamkeit vortäuschen (zum Bei-

spiel ständig Gerüchte an die Presse durchsickern lassen), um insgeheim ganz ruhig und überlegt seine wahren Pläne zu verfolgen.

Egal ob im Kampf oder im Geschäftsleben, wer so ist, wie er von allen empfunden wird, der ist für seine Gegner leicht durchschaubar. Die meisten Unternehmen halten deshalb auch ihre internen Vorgänge und ihre geschäftlichen Verpflichtungen mehr oder weniger geheim.

Auch der einzelne Manager sollte zurückhaltend sein und nicht alles sofort offenlegen. Musashi empfiehlt vor allem dem Anfänger, sich dadurch zu schützen, daß er nach außen hin eine Rolle übernimmt, die nicht wirklich seiner inneren Natur entspricht. Dadurch wird er wenig berechenbar, und Gegner schätzen seine wahren Stärken und Schwächen falsch ein. Gleichzeitig bekommt er dadurch auch die eigenen Schwächen besser in den Griff, ohne seine Stärken einzubüßen.

Wer zum Beispiel zu impulsivem Handeln und Entscheiden neigt, tut gut daran, diese Schwäche dadurch unter Kontrolle zu halten, daß er sich im Managementalltag dazu zwingt, seine Entscheidungen wohlüberlegt und mit der nötigen Distanz und Gelassenheit zu treffen. Wenn er sich dabei seine natürliche innere Impulsivität bewahren kann, dann kann er gerade in entscheidenden Momenten, in denen seine Gegner auf seine schwerfällige und langfristige Entscheidungsfindung bauen, durch rapide, einschneidende Maßnahmen – verbunden mit dem Überraschungseffekt – seine Opposition überwältigen.

In ähnlicher Weise sollte ein Manager, der für seine raschen, kurzfristigen Entscheidungen bekannt ist, sicherstellen, daß er durch tiefschürfendes Denken in seiner Freizeit die Oberhand und die Kontrolle behält.

Nach Musashis Erfahrung ist der vollkommene strategische Kämpfer in der Lage, alle anderen zu durchschauen, während er selbst zu keiner Zeit berechenbar ist, weil er Paradoxa in solcher Weise in seiner eigenen Person vereinigt, daß die anderen nie wissen können, welche Seite von ihm in einer bestimmten Angelegenheit letztendlich zum Tragen kommen wird.

Der ideale Chaosmanager kontrolliert also nicht nur das Chaos, er nutzt gleichzeitig die Unberechenbarkeit des Chaos, um seine Gegner zu verwirren.

Die Erkenntnis, daß das Chaos nicht nur eine Bedrohung für alle darstellt, sondern eine optimale Gelegenheit zum Überwinden jeglicher Opposition bietet und eine wertvolle Waffe zum Sieg sein kann für denjenigen, der das Chaos entsprechend für seine eigenen Zwecke einzusetzen vermag, ist sicherlich eine Schlüsselerkenntnis für jeden Chaosmanager.

Zu Anfang müssen solche Prozesse vom jungen Manager bewußt eingeleitet werden. Wer dagegen ein alter Fuchs ist und sich ganz auf seine strategischen Instinkte verlassen kann, kann in aller Ruhe und Gelassenheit seinen Angriff durchführen:

Man kann auch angreifen, indem man sich innerlich vollkommen von allem loslöst und seinen Geist frei macht. Dann wirst du den Gegner mit der Macht deiner inneren Stärke besiegen.

Durch Jahre der Übung kann ein (instinktiv oder bewußt) agierender Chaosmanager in die Lage versetzt werden, allein durch die innere Stärke den Sieg zu erringen. Dies sollte aber nicht übertrieben werden. Musashi empfiehlt, daß man sich nicht überschätzen, sondern in aller Bescheidenheit paradoxes Verhalten als Schutzschirm und als Waffe einsetzen sollte. Wer unterschätzt wird, ist immer gefährlicher als der, den man überschätzt. Musashi sieht darin einen wichtigen Aspekt, den wir angesichts seiner Erfolge ernst nehmen sollten.

Die zweite Methode: Sobald der Gegner zum Angriff ansetzt, entreißt man ihm die Initiative, indem man zuschlägt.

Natürlich liegt eine Gefahr darin, auf den Angriff des Gegners zu warten. Polizisten wird zum Beispiel in der Grundausbildung beigebracht, daß es aufgrund der menschlichen Reaktionszeit für einen geübten Gegner leichter ist, nach der Aufforderung zum Händeheben seine Waffe zu ziehen und zu feuern, als es für den Polizisten ist, entschlossen darauf zu warten, daß er eine bedrohliche Bewegung sieht, bevor er selbst in Selbstverteidigung schießt.
Nichts kann den Gegner mehr entmutigen, als wenn er im Bewußtsein des sicheren Sieges zuschlägt, dann aber plötzlich durch einen unerwarteten Gegenangriff völlig überraschend gestoppt wird. Wiederum überläßt Musashi damit die Wahl der Mittel dem Chaosmanager. Wer sich dazu in der Lage fühlt, kann durchaus auf einen Angriff warten und durch eine Unterbrechung des Rhythmus des Gegners einen entscheidenden Vorteil erringen.
Auf der anderen Seite kann sich eine solche Vorgehensweise bei einem starken Gegner aber als fatal erweisen. Man kann die Führung sicherlich nur dann an sich reißen, wenn man tatsächlich schneller ist. Deshalb sollte man erst einmal andere, unter Umständen weniger herausfordernde Methoden Musashis anwenden.
Im Management (ob als Unternehmer oder privat) ist es trotzdem oft ratsam, abzuwarten, bis die Gegenseite die Karten auf den Tisch legt, bevor man seine eigenen Pläne preisgibt. Vor allem, wenn sofortige Reaktion nicht der alles entscheidende Faktor ist (und nur wenige Managemententscheidungen werden sofort fällig), kann ein reaktionsbereites Abwarten entscheidende Vorteile bringen.
Es erfordert natürlich Geschick, zu wissen, welche Aktion für welche Situation die angemessene ist. Wenn man sofort reaktionsbereit sein will, muß man auf jeden Fall vorbereitet sein und bis zu einem gewissen Ausmaß die möglichen Aktionen der Gegenspieler vorausahnen.
Musashi empfiehlt zwei Methoden: entweder Schwäche vortäuschen, um den Gegner in Sicherheit zu wiegen, oder

von vorneherein so massiv zum Gegenangriff übergehen, daß der Gegner sofort aus dem Gleichgewicht gerät.
Besonders fatal wäre es, seine Stärke darzulegen, ohne sich gleichzeitig einige Möglichkeiten offenzuhalten. Wer durchschaubar geworden ist, ist (unabhängig von der eigenen Stärke) gleichzeitig auch verwundbar geworden.

Die dritte Methode besteht darin, gleichzeitig mit dem Gegner anzugreifen und die Führung an sich zu reißen.

Trifft man auf einen geschickten Gegner, ob Person oder Firma, der sehr schnell und umsichtig handelt, dann sind alle Kräfte gefordert. In einem solchen Falle kann man sich nur auf seine spontane Intuition verlassen. Nur wer den rechten Weg wirklich verinnerlicht hat, wird in einem solchen Kopf-an-Kopf-Rennen doch noch die Führung an sich reißen können.
In gewissem Sinne sind diese Situationen philosophisch zu sehen. Erstens: Ein wirklich guter Mann und ein wirklich gutes Unternehmen sind nicht so leicht unterzukriegen. Zweitens: Man kann immer nur sein Bestes versuchen; wenn das nicht gut genug ist, dann muß man bereit sein, mit der Niederlage zu leben. Eine solche Einstellung wird die notwendige Gelassenheit bewirken, die für einen erfolgreichen Chaosmanager unbedingt erforderlich ist.
Welche der drei Methoden jeweils anzuwenden ist (oder sogar die Frage, ob irgendeine der Methoden wirklich angemessen ist), ist etwas, was die entsprechende Übung des rechten Weges zur Chaosbeherrschung als intuitive Reaktion beim Manager verankern wird.
In erster Linie zählt, so schnell wie möglich bei einem Angriff oder in einer Krise aus der Situation des lediglichen Reagierens in eine Situation des aktiven Handelns zu wechseln. Musashi betont immer wieder, daß es von entscheidender Bedeutung ist, dem Gegner so früh wie möglich das Heft aus der Hand zu nehmen.

Egal ob du angreifst oder der Gegner, durch die Prinzipien des *Heihô* wirst du dem Gegner die Führung entreißen können und siegen. Es gilt deshalb, diese fleißig zu üben.

Die Weisheit des *Heihô* bezieht sich auf das, was wir in moderner Sprache als Chaosmanagement bezeichnen. Wer Chaosmanagement verinnerlicht hat, der wird, sobald er der Konkurrenz die Führungsrolle abgenommen hat, leichtes Spiel haben. Da er intuitiv bessere strategische Entscheidungen als die anderen trifft und in der Lage ist, schnell auf jede Veränderung, auf jede neue Situation zu reagieren, kann ihm sein Sieg nicht mehr genommen werden.
Die entscheidende Herausforderung kann aber sein, einem starken Marktführer überhaupt erst einmal seine Position ernsthaft streitig zu machen. Musashi hält für eine solche Situation wichtige Ratschläge bereit:

Es ist wichtig, den Gegner immer nutzlose Aktionen ungehindert durchführen zu lassen, ihn aber an den wirkungsvollen zu hindern.

Man muß darauf achten, die Energie des Gegners nicht völlig zu unterdrücken. Das kann unter Umständen nämlich zu heftigen und kaum kontrollierbaren Gegenreaktionen führen.
Viel sinnvoller ist es dagegen, dafür zu sorgen, daß seine Energien ins Leere laufen. Das kann man erreichen, indem man ihm möglichst freie Bahn in Bereichen läßt, die man als unwichtig erkannt hat, und ihn nur dort wirkungsvoll und unnachgiebig bremst, wo es zählt.
Auf diese Art und Weise kann man sich einen Freiraum für effektives Operieren schaffen, den einem niemand streitig macht, weil alle ihre Energien zu weit gefächert und verzettelt haben.
Solche Taktiken sind vor allem im Umgang mit Großkonzernen ein wichtiges Prinzip. Die Stärke eines Konzerns ist seine geballte Macht und die Möglichkeit, kostenintensive Operationen zu konzentrieren.

Auf Teilgebieten kann eine kleinere Firma aber durchaus die Führung übernehmen. Und unter Umständen kann dies sogar der Einstieg sein, um auch einem Giganten der Branche langfristig die Marktführerschaft in bestimmten Bereichen streitig zu machen.

Ein Paradebeispiel für solch einen Prozeß ist die Auseinandersetzung zwischen IBM, dem bis dahin unbestrittenen Computergiganten, und der Microsoft-Corporation unter der Führung von Bill Gates.

Gates hat mit Microsoft – erst in den siebziger Jahren gegründet – in Kooperation mit IBM die Standard-Betriebssoftware für die PC-Welt geschaffen. Nachdem er sich in dieser Nische systematisch ausgebreitet hatte und mittlerweile mit seinem Unternehmen den gesamten PC-Software-Bereich praktisch dominiert, will er jetzt auch zum Angriff auf die Domäne der Software für Großcomputer ansetzen. Viele Experten bezweifeln mittlerweile nicht mehr, daß er eine weltweite Monopolisierung des gesamten Computersoftware-Marktes schaffen könnte. IBM konnte aufgrund der weitgefächerten Herausforderungen sowohl im Software- als auch im Hardware- und Servicebereich diese Entwicklung trotz vermehrter Anstrengungen in den letzten Jahren nicht mehr nennenswert bremsen.

Wenn man vom »Hinübersetzen« spricht, dann kann dies im Zusammenhang mit dem Überqueren eines Meeres oder eines Flußarmes gemeint sein. Die Strecke kann also lang oder kurz sein. Im Laufe eines jeden Menschenlebens gibt es eine Reihe von Situationen, die man mit dem »Hinübersetzen« vergleichen kann ... Um im Leben Schwierigkeiten zu meistern, muß man einen Geist haben, der entschlossen alle verfügbaren Kräfte einsetzt.

Unerbittliche Ausdauer ist ein wichtiger Charakterzug des erfolgreichen Chaosmanagers. Obwohl er in seinem Handeln von höchster Flexibilität sein muß, darf er keine Maß-

nahmen abbrechen, bevor er nicht sein damit verbundenes Ziel erreicht hat. Schon wenige nicht erfolgreich zu Ende geführte Projekte können einem Unternehmen erheblich schaden. Ein Projekt ist erst dann zu Ende, wenn es seinen ursprünglich beabsichtigten Zweck erfüllt hat, und nicht schon dann, wenn es lediglich besonders schwierig geworden ist, weiterzumachen. Die einzige Ausnahme ist eine Situation, in der das Endziel durch äußere Veränderungen in unserer chaosgleichen Umwelt nicht mehr erstrebenswert ist oder der noch zu erbringende Einsatz mehr erfordert, als die Erreichung des Projektzieles wert ist. Der Chaosmanager muß also beständig Werte gegeneinander hochrechnen. Es geht nicht darum, den Weg des geringsten Widerstandes zu finden, sondern den Weg mit den geringsten Kosten bei gleichzeitig größtem Nutzen.
Das »Übersetzen« ans andere Ufer findet dabei selten nur im wirtschaftlichen Bereich statt. Die wahre Anstrengung liegt oft im persönlichen Einsatz der Manager.
Oft werden Niederlagen im Geschäfts- oder Berufsleben durch persönliche Niederlagen bedingt. Wer sich selbst und sein eigenes Leben unter Kontrolle hat, der ist besser für Auseinandersetzungen gerüstet.
Der Einsatz »aller verfügbaren Kräfte« dient der Überwindung von persönlichen Problemen und Schwächen, die einem Sieg im Weg stehen.
Wenn diese »Überfahrt« erfolgreich überstanden ist, hat man die Lage unter Kontrolle. Hier wird noch einmal an einem recht anschaulichen Bild verdeutlicht, wie wichtig der Sieg über sich selbst ist – andere zu besiegen ist dann ein Kinderspiel:

Wenn man die »Überfahrt« erst einmal geschafft und die Schwierigkeit überwunden hat, kann man sich sicher fühlen. Durch das »Hinübersetzen« hat man eine überlegene Position erreicht. Danach kann man in den meisten Fällen die Führung an sich reißen und den Sieg leicht erringen.

Ein wesentlicher Schritt zur Übernahme der Führung ist also, sich selbst und seine eigenen Pläne und Ziele fest in den Griff zu bekommen.
Ein weiterer wichtiger Aspekt ist der rechte Durchblick:

Im Kampf bedeutet »die Lage erkennen«, daß man strategisch zielsicher seine Truppen einzusetzen vermag ... weil man die innere Verfassung der gegnerischen Truppen kennt und weiß, ob sie noch guten Mutes sind oder bereits zu wanken beginnen. Kenne die Gegebenheiten am Ort des Kampfes. Kenne den Rhythmus des Gegners und sein Schwanken zwischen Höhen und Tiefen. Auf diese Weise kannst du die Initiative ergreifen.

Sich selbst und andere richtig einschätzen zu können, ist eine wichtige Eigenschaft eines erfolgreichen Managers. Allein die Fähigkeit, etwas vorausschauend beurteilen zu können, ist bereits ein Faktor der Überlegenheit.
Vor allem in guten Zeiten besteht die Gefahr, die eigene Lage im Vergleich zu anderen allzu blauäugig einzuschätzen. Man muß zu allen Zeiten darauf achten, besser als andere zu sein, und die Voraussetzungen schaffen, es auch zu bleiben.
Bevor man versucht, in einen Markt vorzustoßen, muß sicher sein, daß der Markt entsprechende Möglichkeiten bietet. Entscheidend ist der richtige Zeitpunkt. Es hat keinen Sinn, zu früh noch zu starke Gegner herauszufordern. Es ist aber auch gefährlich, zu lange zu zögern, wenn man gerade relativ im Vorteil ist. Wie im Kampf auch unterliegt alles einem bestimmten Rhythmus. Selten sind alle Wirtschaftsunternehmen zur gleichen Zeit geschwächt. Und selbst dann äußert sich diese Schwäche praktisch nie in allen Geschäftsbereichen in gleicher Weise. Daraus ergeben sich optimale Chancen für denjenigen, der sich entschieden gegen geschwächte Gegner durchsetzt.

Wenn du nur die Vorhaben des Gegners mit Gleichem beantwortest, wirst du keinen Fortschritt machen. Statt dessen *mußt du es deinem Gegner unmöglich machen, dich erneut anzugreifen, indem du seinem Angriff entschlossen zuvorkommst ... dazu brauchst du einen Geist, der zielbewußt die Initiative ergreift.*

Auch Methoden und Vorgehensweisen unterliegen modischen Trends. Vor einigen Jahren setzten fast alle Führungskräfte auf strategisches Management. Heute spricht fast jeder von flacheren Hierarchien, von vernetztem Denken etc. Musashi betont, daß man immer das Mittel wählen muß, das den Sieg sicherstellt. Das kann, muß aber nicht in jedem Einzelfall das in der Branche gerade als wichtig und richtig angesehene sein. Wenn alle mit dem Schwert kommen, kann die Lanze einen entscheidenden Vorteil bringen. Das ist besonders dann zu beachten, wenn man bei einer Neuerung nicht zu den Vordenkern, sondern zu den Nachzüglern gehört. Wenn schon die meisten Unternehmen einer Branche auf flachere Hierarchien umgestellt haben, ist es höchstens noch Schadensbegrenzung, wenn man lediglich das gleiche mit einiger Verspätung tut.

Zu jedem System und zu jeder Methode gibt es Verbesserungen. Vor allem wenn man in einem bestimmten Bereich im Rückstand ist, sollte man darüber nachdenken, ob man nicht, statt dem gegenwärtigen Trend lediglich hinterherzuhinken, diesen Trend überspringen und Methoden entwickeln kann, die das Unternehmen noch effektiver machen, als dies die trendgemäßen Veränderungen für die Konkurrenz tun. Musashi jedenfalls propagiert, daß man erst durch eine Vordenkerrolle letztendlich die Überhand gewinnen wird.

Ein Aspekt ist dabei sicherlich, sich so frühzeitig wie möglich über die Trends zu informieren, die von den professionellen Vordenkern entdeckt oder oft sogar erst geschaffen und in Methoden umgesetzt werden. Wer in dieser Hinsicht am Ball bleibt, hat unter Umständen bereits den entscheidenden Vorteil errungen.

Wer dagegen nur ein Nachahmer ist, kann niemals gewinnen. Dazu bedarf es größerer Anstrengungen. Wer gewinnen will, muß kreativ sein und neue, völlig unerwartete Methoden entwickeln.

Alles kann zusammenbrechen. Häuser, Familien oder der eigene Leib können zusammenbrechen. Auch der Gegner bricht zusammen, wenn seine Zeit gekommen ist und sein Rhythmus unterbrochen wurde.

Das heißt, letztendlich sind alle verwundbar. Niemand und nichts ist zu allen Zeiten gegen eine Niederlage gefeit.
Das hat natürlich unterschiedliche Konsequenzen: Zum einen müssen wir uns selbst unserer eigenen Verwundbarkeit bewußt werden und uns um so größere Mühe geben, daß diese nicht zu unserem Versagen führt. Dabei müssen wir uns bewußt sein, daß es manchmal nur einer entschiedenen Aktion eines Gegners bedarf, um uns in Zeiten relativer Schwäche zu Fall zu bringen. Zum anderen müssen wir wissen, daß jeder Gegner, jeder Widerstand überwindbar ist.
Starke Gegner sind jedoch oft nur für kurze Zeit besiegbar. Diesen Moment der Schwäche rechtzeitig zu erkennen und durch entschlossenes Handeln auszunutzen, ist ein wichtiger Schlüssel zum Erfolg, denn nur selten bietet sich eine zweite Chance.
Aber auch wenn man ein System oder eine Firma vor dem Zusammenbruch retten will, sind bestimmte Zeiten oft besonders kritisch.
Aus der Medizin kennt man dieses Problem sehr wohl. Dort können manchmal Stunden, Minuten oder sogar Sekunden über Leben oder Tod, über völlige Heilung oder lebenslange Behinderung entscheiden. Den Autofahrer trennen oft nur Sekundenbruchteile von einer echten Katastrophe.
Und auch in der Wirtschaft können wenige Stunden eine völlige Katastrophe hervorrufen, wenn die Situation außer Kontrolle gerät. Beim Börsenkrach von 1989 zum Beispiel kam es beinahe zu einer weltweiten Wirtschaftskatastrophe,

weil zu viele Computersysteme so programmiert waren, daß sie schematisch auf Kurseinbrüche mit Verkäufen reagierten. Als erst einmal ein Auslöser das Signal gegeben hatte, ruinierte eine computerisierte Verkaufswelle fast den Aktienmarkt.

Unsere gesamten weltweiten Wirtschaftsverflechtungen werden koordiniert durch eine gigantische Vernetzung von Computersystemen. Gemäß Musashis Lehre ist auch dieses globale System anfällig für einen Zusammenbruch. Deshalb sollte jedes Unternehmen Maßnahmen zum eigenen Schutz ergreifen und möglichst unabhängig von allgemeinen Informationssystemen agieren oder zumindest in der Katastrophenplanung betriebsinterne Alternativmöglichkeiten für diejenigen Bereiche vorbereiten, die nicht unbedingt von einer engen Zusammenarbeit mit anderen Computersystemen abhängen.

»Sich in den Gegner verwandeln« heißt, so denken zu können, als wäre man der Gegner.

Hinter dieser Aussage Musashis steckt der Rat, sich nicht von der vorgeblichen Stärke eines Gegners einschüchtern zu lassen. Denn wer eingeschüchtert ist, verliert mit Sicherheit. Betrachtet man die Situation aber aus der Perspektive des anderen, dann wird einem oft klar, daß man eigentlich bessere Karten hat, als man spontan annehmen würde.

Wer zum Beispiel einen Einbrecher im Haus hört, mag sich sofort als hilfloses Opfer fühlen. Aber auch der Einbrecher wird unsicher, wenn er in ungewohnter, fremder Umgebung von jemandem entdeckt wurde, der dort jeden Winkel kennt.

In gleicher Weise fürchten kleinere Unternehmen oft unnötigerweise die Multis, die ihrerseits vielleicht in so viele unterschiedliche und schlecht aufeinander abgestimmte Tochterunternehmen verzweigt sind, daß sie eine Unmenge an Energie allein für komplizierte Koordinationsbemühungen verbrauchen, während ein kleineres Unternehmen mit klar abgestimmten Produkten oder Dienstleistungen im eigenen Segment oft viel effektiver arbeiten kann. Zudem kann, je nach der Führungsstruktur in Konzernen, ein Tochterunternehmen durch langwierige Genehmigungsverfahren und durch ein aufgeblähtes Berichtswesen so stark in der eigentlichen Arbeit behindert sein, daß ein kleineres, selbständiges Unternehmen viel schneller und effektiver Marktchancen nutzen kann.

Manche Konzerne wiederum fürchten mittlerweile die mangelnde Flexibilität in Zeiten zunehmender Turbulenzen so sehr, daß sie eigene Vorteile, wie die Möglichkeit besserer globaler Vermarktung bei gleichen Entwicklungskosten oder weltumspannendes Know-how, nicht optimal nutzen, weil sie zu sehr darauf fokussiert sind, die Vorteile kleinerer Unternehmen durch Schaffung strategischer, relativ unabhängiger Einheiten in ihre eigenen Tochterfirmen und Geschäftsbereiche zu integrieren.

Laut Musashi darf man sich aber nicht vom äußeren Anschein abschrecken lassen. Man muß Abstand gewinnen, alle verfügbaren Fakten einholen und die Lage der Konkurrenz objektiv abwägen.

Falls es in der Schlacht zu einer Pattsituation kommt, in der man sich ineinander verbeißt, kann keine Entscheidung erzwungen werden. Jede Seite wird schwere Verluste erleiden. Dann ist es am vorteilhaftesten, sofort die alten Pläne aufzugeben und neue Methoden zu entwickeln, mit denen der Gegner nicht rechnet.

Wer sich bewußt bleibt, daß der Sieg oft darin liegt, etwas gänzlich Unerwartetes zu tun, mit neuen Ideen aufzuwarten, völlig unkonventionelle Lösungen zu finden, hat bereits durch dieses Bewußtsein einen großen Vorteil.

Carl Friedrich von Weizsäcker sagte einmal: »Man sieht nur, was man weiß.« Es liegt in unserer Natur, davon auszugehen, daß die Dinge auch in Zukunft sein *werden* und *bleiben müssen,* wie sie heute sind. Sich von dieser gedanklichen

Fessel zu lösen, ist schon der erste Schritt zu einem echten Durchbruch.

Während des Zweiten Weltkrieges versuchte die deutsche Armee lange Zeit vergeblich, einen bestimmten Berg zu erstürmen, auf dessen Spitze sich feindliche Truppen verschanzt hatten. Bis eines Tages ein junger Offizier namens Rommel in die Gegend abkommandiert wurde. Statt weiter gegen den Berg anzustürmen, beschloß er, die gesamte Energie seiner Truppe darauf zu konzentrieren, die Schleichwege, auf denen die Verteidiger des Berges versorgt wurden, dichtzumachen. Nachdem dies geschehen war, mußten sich die Verteidiger innerhalb kürzester Zeit ergeben. Kein Wunder, daß dieser junge Offizier später einmal als Wüstenfuchs in die Annalen großer Strategen eingehen sollte.

Oder zum Beispiel die Geschichte von dem Lkw, der in einem zu niedrigen Tunnel eingekeilt war und den man nicht freibekommen konnte, bis ein kleines Kind, das zufällig am Ort des Geschehens war, vorschlug, man solle doch einfach die Luft aus den Reifen lassen. Damit gewann man die nötigen Zentimeter, um den Lkw herauszuziehen.

Der entscheidende Gesichtspunkt ist, daß die Lösung bei festgefahrenen Situationen oft gar nicht von vermehrter Anstrengung, sondern von neuartigen, kreativen Ideen zu erwarten ist. Nur wer das erkennt, ist überhaupt in der Lage, seine Kräfte auf das Auffinden unkonventioneller Lösungen zu konzentrieren, statt sie in gigantischen Kraftanstrengungen konventioneller Art zu vergeuden.

Das mag manchem als Binsenweisheit erscheinen. Wer aber dann beobachtet, wie lange Unternehmen sich im Kreise drehen oder gegen eine Mauer laufen, bevor ihnen der Gedanke kommt, vielleicht statt dessen ein wenig an der eigenen »Corporate Culture« zu arbeiten oder ein Das-haben-wir-aber-immer-schon-so-Gemacht als überholte Maxime über Bord zu kippen, der sieht diese Zusammenhänge dann doch mit anderen Augen.

Daß etwas selbstverständlich sein sollte, heißt noch lange

nicht, daß es auch selbstverständlich ist. Die Umsetzung dieser Erkenntnis erfordert trotz allem bewußtes Umdenken. Unter den sechzig Gegnern, die Musashi ohne große Anstrengung besiegt hat, befanden sich sicher auch etliche, denen alles, was Musashi später über seine Methoden und seine Denkweise niederschrieb, als selbstverständlich erschienen wäre, hätten sie die Veröffentlichung noch erlebt.

Falls du in der Schlacht trotz aller Anstrengungen keine Klarheit über die Lage des Gegners gewinnen kannst, täusche eine entschlossene Attacke vor. Durch diese Finte wirst du die Pläne des Gegners aufdecken. Danach wird es dir ein leichtes sein, durch entsprechende Maßnahmen zu siegen.

Es ist ein bewährter Trick erfahrener Strategen, durch eine Finte etwas über den Gegner zu erfahren. Dies kann von Informationen über neue Pläne, die man an die Presse durchsickern läßt, bis zu Übernahmeangeboten an andere Firmen reichen.
Worauf es ankommt, ist, zu erfahren, was der Gegner tatsächlich in der Hinterhand hat. Wenn man mit der Finte bei weitem noch lange nicht seine eigenen besten Pläne ausgespielt hat, der Gegner dies aber annimmt, dann hat man genügend Spielraum, um ihm wirklich einen Schlag zu versetzen.
Manche Firmen sind darauf spezialisiert, angebliche Betriebsgeheimnisse frühzeitig durchsickern zu lassen. Auf diese Weise wird der Gegner nicht nur verunsichert, man kann an den Gegenstatements und Gegenmaßnahmen oft Wertvolles ablesen.

Selbst wenn du die Pläne deines Gegners erkannt hast und dir ein Sieg deshalb leichtzufallen scheint, darfst du trotzdem nicht unachtsam sein. Du könntest sonst den rechten Rhythmus verlieren und den richtigen Zeitpunkt für deinen Schlag verpassen.

Der Rhythmus ist ein entscheidender Faktor, auch für den eigenen Sieg. Lediglich herumzuspielen und alles mögliche vorzutäuschen, sich sozusagen gut in der Öffentlichkeit zu verkaufen, ersetzt nicht die Notwendigkeit, selbst fähig und effektiv zu sein. Man darf sich in dieser Hinsicht nicht täuschen lassen: Nur der Bessere wird auf Dauer gewinnen. Eine Finte mag zum Repertoire des Besseren gehören, wenn er danach aber nicht echte Brillanz und Überlegenheit in seinen Aktionen zeigt, wird er auch nicht erfolgreich sein.

Sobald der Gegner im Kampf zu einer bestimmten Taktik ansetzt, mußt du ihm deine Entschlossenheit demonstrieren, ihn an seinen Absichten zu hindern. Dadurch wirst du ihn mit deinem Schwung überrumpeln, und er wird seine Taktik ändern. Danach änderst du selbst auch deine Taktik, ergreifst die Initiative und besiegst ihn.

Dies ist eine andere Art der Finte, in der man den Gegner nicht nur dazu bringt, seine Pläne zu offenbaren, sondern ihn auch von Plänen abbringt, die effektiv wären. Statt dessen wird er dazu veranlaßt, seine Pläne zu ändern, und somit letztendlich so ineffektiv, daß man ihn mit einer ausgeklügelten Taktik leicht überwinden kann.

Das Prinzip des »Übertragens« trifft auf viele Bereiche zu. So können Gähnen und Müdigkeit übertragen werden. Auch das Zeitgefühl anderer ist beeinflußbar. Im Kampf kann man den Gegner dazu bringen, nachlässig zu werden. Wenn er aufgeregt und ungeduldig ist, dann gib dich entspannt und sorglos. Wenn sich dann deine Stimmung spürbar auf den Gegner übertragen hat, greife plötzlich und unerwartet mit voller Kraft an.

Manchmal spornen Konkurrenten einander an, die Dinge weiter voranzutreiben. Wenn dies geschieht, muß man sich überlegen, ob es wirklich im Sinne der eigenen Firma ist. Sollte man sich dazu entscheiden, den Entwicklungsprozeß zu verlangsamen, ist es nützlich, die Entwicklungen eher unterschwellig voranzutreiben und auch den eigenen Mitarbeitern in dieser Hinsicht Zurückhaltung, vor allem im Bereich der wissenschaftlichen Veröffentlichungen oder dem, was bei Kongressen ausgeplaudert und angedeutet wird, aufzuerlegen.

Besonders wichtig ist es auch, sich selbst von solchen Einflüssen möglichst frei zu machen. Wenn zum Beispiel alle von einer bevorstehenden Wirtschaftsflaute sprechen und den Teufel an die Wand malen, sollte man sich nicht von der allgemeinen Stimmung mitreißen lassen, sondern selbst die Lage analysieren und zu eigenen Schlüssen kommen.

In den USA hat sich einmal ein Fernsehmoderator den Spaß erlaubt, für die nächsten Tage eine akute Knappheit an Toilettenpapier vorherzusagen. Seine Vorhersage war natürlich korrekt, denn als die Zuschauer seine Ankündigung hörten, rannten viele sofort in den nächsten Supermarkt und kauften dort die Regale leer. Es dauerte einige Tage, bis man sie wieder aufgefüllt hatte.

Viele Unternehmen bauen zum Beispiel aus Angst vor einer bevorstehenden Rezession eilig Stellen ab. Viele der entlassenen Mitarbeiter sind aber junge, fähige, dynamische Managementanwärter. Aus sozialen Gründen werden in Firmen nämlich oft die zuletzt Eingestellten zuerst entlassen.

Für ein Unternehmen, das sich nicht vom Entlassungsfieber anstecken läßt, sondern objektiv prüft, wie seine eigenen Aussichten auf dem Markt sind, bedeutet dies, daß es gerade jetzt ausgezeichnete Mitarbeiter vom Markt zu holen gibt. Dieser Aspekt kann so viel Gewicht haben, daß man vielleicht sogar in anderen Unternehmensbereichen Einsparungen vornehmen sollte, um sich im Personalbereich einen überlegenen Personalbestand unter günstigen Bedingungen aufzubauen.

Man kann den Gegner auch »betrunken« machen, das heißt, man kann ihn langweilen, ihn in Aufregung versetzen oder ihn in falscher Sicherheit wiegen.

Die Betonung liegt also darauf, sich zu verdeutlichen, daß man einen nicht unerheblichen Einfluß auf den Gegner hat. Wir Menschen sind soziale Wesen, und selbst bei Auseinandersetzungen gibt es eine Abhängigkeit voneinander, die man zu seinem eigenen Vorteil einsetzen kann.
Die Tatsache, daß man den Gegner als Faktor bei der eigenen Taktik mit einbeziehen kann, daß man aktiv Einfluß auf die Einstellung und Verhaltensweise des Gegners nehmen kann, ist ein wichtiges Prinzip für den Umgang mit Konflikten.

Es ist in jeder Situation möglich, die Gegenseite aus dem Gleichgewicht zu bringen. Man kann plötzliche Gefahren vortäuschen, durch scheinbar unüberwindliche Hindernisse entmutigen oder durch unvorhergesehene Aktionen verwirren ... auch im Kampf ist es wichtig, die gegnerische Seite aus dem Gleichgewicht zu bringen.

Jegliche Beeinflussung eines Gegners sollte natürlich darauf abzielen, ihn aus dem Gleichgewicht zu bringen. Dazu gibt es verschiedene Möglichkeiten, die vor allem bei Konflikten den Charakter des Bedrohlichen und Unerwarteten und damit Unberechenbaren haben sollten.
Zwar sollte man den Gegner vor allem in Konfliktsituationen bewußt destabilisieren, es ist aber auch ratsam, in Phasen relativer Ruhe Unruhe und Unsicherheit im gegnerischen Lager zu fördern. Dies wird immer die Kräfte des Gegners schwächen und ihn in einem Zustand der Verwirrung halten.

Furcht ist nichts Ungewöhnliches. Oft hat man Angst vor dem Unbekannten. In der Schlacht wird der Gegner nicht nur durch das, was er direkt sieht, in Angst und Schrecken versetzt. Auch Lärm oder das Vortäuschen großer Truppenbewegungen oder plötzliche Angriffe an der Flanke können ihn erschrecken ... Wenn er dann in seiner Verwirrung den Rhythmus verloren hat, kannst du ihn leicht besiegen.

Die Einschüchterung braucht also nicht über eine direkte Konfrontation zu erfolgen. Gerüchte oder die Erzeugung einer abstrakten allgemeinen Bedrohung reichen völlig aus.
Vor allem den Medien kommt in diesem Zusammenhang in unserer kapitalistischen Welt eine besondere Bedeutung zu. Es ist offensichtlich, daß sie mit entsprechenden Meldungen massiv in den Ablauf des Wirtschaftsgeschehens eingreifen können und großen Einfluß auf den Verbraucher haben. Dabei spielen die Wertvorstellungen der einzelnen Medien eine wichtige Rolle und müssen bei der Planung berücksichtigt werden.
So berücksichtigt die »Stiftung Warentest« in ihrer Wertung häufig die Umweltverträglichkeit der Produkte. Dem Konsumenten, der dann das Haarwaschmittel mit der höchsten Wertung kauft, ist oft nicht bewußt, daß dieses Produkt nicht notwendigerweise das beste für seine Haare ist.
Die Medien repräsentieren in dieser Hinsicht auch die gesellschaftliche Wertegemeinschaft, in deren Umfeld sich das jeweilige Unternehmen betätigt.

Das »Verschmelzen« ist eine wichtige Taktik, wenn du dich in einer so engen Umklammerung mit dem Gegner befindest, daß es nicht möglich ist, eine Entscheidung zu erzwingen. Dränge dann nicht weiter, sondern »verschmelze« zuerst mit dem Gegner und ergreife dann eine geeignete Methode für den Sieg. Ob in größeren Schlachten oder bei kleineren Scharmützeln, wenn sich die Gegner gegenseitig im Patt gegenüberstehen, ist es wichtig, in einem einzigen Augenblick zu gewinnen, indem man in den Gegner eindringt und ihn so in einen Nahkampf verwickelt. Suche dann den Weg zum Sieg durch das jeweils geeignetste Mittel.

Der erste Impuls, wenn man in unlösbar scheinende Konfliktsituationen geraten ist, ist oft die Flucht. Diesem Impuls darf man nicht nachgeben. Man muß sich laut Musashi sogar noch tiefer in diese Verflechtung hineinbegeben, um eine Lösung finden zu können.

Nur indem man die Lage noch besser kennenlernt und herausfindet, was wirklich hinter dem Ganzen steckt, hat man die Möglichkeit, der Sache auf den Grund zu gehen und einen Ansatzpunkt zu finden, die Auseinandersetzung siegreich zu überstehen.
Eine Flucht aus dem Konflikt würde gerade das Gegenteil bewirken: Man würde sich damit selbst zum Verlierer erklären.

Einen starken Gegner kann man nur schwer erfolgreich in der Mitte angreifen. Man sollte statt dessen den Angriff von der Flanke her führen.
In der Schlacht gewinnst du einen Vorteil, wenn du die gegnerischen Truppen genau beobachtest und sie danach an exponierten strategischen Stellen angreifst. Sind diese »Ecken« erst einmal zerschlagen, dann hat der Gegner auch insgesamt viel an Stärke verloren. Aber selbst dann ist es wichtig, weiterhin alle exponierten Stellungen so lange zu zerschlagen, bis du den Sieg errungen hast.

Es ist nicht ratsam, einen Gegner direkt und an seiner stärksten Stelle anzugreifen. Jeder Mensch und jede Organisation hat eine Flanke, eine verwundbare Stelle. Diese gilt es herauszufinden. Oft kennt man nur den Hauptteil, den Kern bei sich und bei anderen. Es ist deshalb gar nicht so leicht, einen Markt mental vom Rande her aufzurollen. Aber gerade weil ein solches strategisch richtiges Vorgehen nicht unserer natürlichen Tendenz zum Bewerten entspricht, kann derjenige, der sich eine solche Denk- und Vorgehensweise antrainiert, besondere Vorteile erlangen.

»Den Gegner verwirren« bedeutet, dem Gegner in seinem Geist jegliches Gefühl der Sicherheit zu rauben ... Hast du erst einmal auf diese Art und Weise den Gegner in Verwirrung gestürzt, dann nutze die Situation aus und besiege ihn gemäß deinen Plänen.

Mit dieser Aussage bestätigt Musashi noch einmal, daß für einen mühelosen Sieg nicht die Stärke des Gegners, sondern sein geistiger Zustand, seine innere Haltung von ausschlaggebender Bedeutung ist. Man sollte sich hier vergegenwärtigen, daß Musashi selten auf die Frage eingeht, wie groß die Überlegenheit einer gegnerischen Streitmacht sein mag oder um wieviel stärker ein bestimmter Gegner unter Umständen ist. Was für Musashi viel mehr zählt, ist die Frage: Ist der Gegner gefaßt, zu allem entschlossen und konzentriert, oder habe ich ihn bereits verunsichert, ist er so verwirrt, daß ich ein leichtes Spiel mit ihm haben werde?

Die historischen Berichte von Schlachten oder Krisensituationen von der Antike bis zur Neuzeit bestätigen diese These Musashis: Was in den meisten Fällen entscheidend ist, ist die Einstellung und die Entschlossenheit der beteiligten Parteien und nicht so sehr die Größe oder Stärke der Kontrahenten.

Es gibt dabei natürlich Grenzen: Wenn Sie als neuer Automobilhersteller Mercedes-Benz den Rang ablaufen wollten, würden Sie sich wahrscheinlich schwertun. Was aber andererseits auch keinesfalls heißt, daß Sie nicht Ihren Marktanteil auch gegen etablierte und erfolgreiche Konkurrenz ausbauen können, wenn Sie es auf die richtige Weise angehen.

»Aufmischen« bedeutet in einer Schlacht, bei der sich die Armeen gegenübertreten und du erkennen mußt, daß der Gegner sehr stark ist, erst einmal eine Flanke der gegnerischen Truppen anzugreifen. Sobald diese dann in Unordnung gerät, ziehst du dich sofort zurück und greifst an anderer Stelle an. Kurz gesagt: Man kämpft im Zickzackverfahren.

Musashi gibt hier Ratschläge für den Umgang mit einem starken Gegner. Bei einem unter Umständen überlegenen Gegner darf man sich nicht auf eine Umklammerung einlassen. Statt dessen muß man seine Schwachstellen ausfindig machen und sich, sobald man ihm einen Schlag versetzt hat, erst wieder einmal vom direkten Ort des Geschehens zurückziehen.

Nur indem man einem starken Gegner gezielt Niederlagen zufügt und sich in keine größere Auseinandersetzung verwickeln läßt, kann man sich überhaupt gegen ihn behaupten. Man muß ihn langsam und systematisch schwächen.

»Den Gegner zertreten« bedeutet, den Gegner als schwach und sich selbst als stark anzusehen und ihn dann mit einem einzigen Hieb zu besiegen ... dabei kommt es vor allem darauf an, dem Gegner absolut keine Gelegenheit zu geben, sich zu erholen.

Wir werden immer eine gewisse Anzahl von Gegnern haben, die uns im Laufe der Zeit Energie und Kräfte absaugen – wenn wir dies zulassen.
Ein wichtiger Schritt, benötigte Energien auf die schwierigen Gegner zu konzentrieren, ist, sich schnell und ohne viel Energieverlust von den unbedeutenden Gegnern zu befreien; das kann bei entsprechender Überlegung mit nur geringer Kraftanstrengung geschehen.
Unternehmen, die eine gewisse Größe erreichen wollen, müssen diese Taktik natürlich kennen. Eine kleine Firma kann besser wachsen und bestehen, wenn sie sich Marktnischen aussucht, in denen sie keinem der (noch) übermächtigen Großen auf die Füße steigt. Denn dann werden sich die Großen auch nicht die Mühe machen, einen gezielt auszuschalten.

Das Prinzip des »Wechsels zwischen Berg und Meer« gründet auf der Tatsache, daß es im Kampf ungünstig ist, die gleiche Taktik mehrmals zu wiederholen. Manchmal läßt es sich vielleicht nicht vermeiden, daß man die gleiche Taktik einmal wiederholt. Aber man sollte sie danach niemals ein drittes Mal anwenden. Falls eine Finte bei einem Gegner ohne Wirkung bleibt, wird sie auch beim zweiten Mal keinen Erfolg haben ... Deshalb: Erwartet dein Gegner einen Berg, dann greife ihn an wie ein Meer. Und erwartet er ein Meer, dann greife ihn an wie ein Berg.

Andere dürfen unsere Reaktionen nicht vorhersehen können, sonst werden wir verwundbar.
Auf der anderen Seite ist es auch für unsere eigene Angriffstaktik wichtig, daß wir flexibel bleiben. Wir sollen ja lernen, die effektivste Methode anzuwenden.
Gegen Ende seines dritten Buches beendet Musashi den elementaren und im Hinblick auf seine Lehre einfachen Teil, der sich lediglich mit dem Ausmanövrieren von Gegnern aller Art befaßt. Wie wir bereits in dem Kapitel über die verschiedenen Ebenen, auf die Musashis Lehre anzuwenden ist, gesehen haben, kennt Musashi auch noch eine tiefere Bedeutung für seinen Weg als lediglich den Sieg über konkrete Gegner. Er selbst hat sich ja mit dreißig Jahren völlig von der ersten Ebene des tatsächlichen Kampfes abgewandt, um sich nur noch den tieferen Aspekten des *Heihô* zu widmen.

Auch wenn wir einen Gegner allem oberflächlichen Anschein nach besiegt haben, wird er trotzdem nicht aufgeben, solange sein Kampfgeist tief in seinem Innern noch nicht gebrochen ist. In einem solchen Fall mußt du deine eigene innere Haltung schnell ändern und den Kampfgeist deines Gegners auslöschen. Du mußt ihn dazu bringen, sich im Herzen geschlagen zu geben.

Noch einmal betont Musashi die Tatsache, daß ein Gegner erst dann besiegt ist, wenn er innerlich besiegt wurde.
Ihn rein äußerlich zu besiegen ist sinnlos, weil es nicht von Dauer sein kann. Der wirkliche Sieg ist erreicht, wenn der Gegner seine Bereitschaft zum Weiterkämpfen verloren hat.
Wenn wir nicht sicher sein können, ob wir den Gegner wirklich in seinem tiefsten Inneren besiegt haben, dann müssen wir unser ganzes Wesen sozusagen in die Waagschale werfen und ihn durch überlegene innere Stärke überwinden.
Sieg oder Niederlage ist also letztendlich eine Frage der *inneren* Stärke.

»Erneuern« bezieht sich auf Situationen, wo man im Kampf mit dem Gegner in eine Pattsituation geraten ist. Gib dann deine bisherigen Pläne und Absichten auf, und mit einem Geist des Neubeginns finde deinen Rhythmus wieder. So wirst du den Weg zum Sieg erreichen.

Man kann dies natürlich als eine Wiederholung früherer Aussagen Musashis ansehen. Aber wenn man ihm genau zuhört, dann kristallisiert sich eine viel tiefere Erkenntnis heraus, eine Einsicht, der Musashi in seinem Leben radikal gefolgt ist:
Es kann eine Zeit im Leben kommen, da man sich in seinem Alltag derart verfangen hat, daß kein sinnvolles Weitergehen mehr möglich scheint.
Ein Weg, den Musashi selbst beschritt, als er vom unbesiegbaren Krieger zum Lehrmeister und Künstler überwechselte, ist, sich bewußt und konsequent neuen Aufgaben und Herausforderungen zuzuwenden. Auf diese Weise kann man seinem Leben eine Neuorientierung vermitteln, die es dringend braucht.
Vor einigen Jahren war oft die Rede vom »Aussteigertum«. Musashi empfiehlt etwas Ähnliches, allerdings nicht ein Aussteigen weg von jeglicher ernsthaften Verantwortung, sondern ein Aussteigen hin zu größeren und erfüllenden Aufgaben.
So war Prinz Siddhartha Gautama sicherlich ein »Aussteiger«. Trotzdem würde wohl keiner behaupten, daß sich seine Verantwortung oder seine Bedeutung für seine Umwelt deshalb verringerte, weil er vom Beherrscher eines Reiches zum Buddha wurde.

»Rattenkopf und Ochsennacken« bezieht sich auf Situationen, wo du dich im Kampf beim Angreifen durch eine zu große Konzentration auf Details in eine Pattsituation begeben hast. Auf dem Weg des Strategen mußt du immer daran denken, von der Sorge für die kleinen Details dazu überzuwechseln, dich auf das große Gesamtbild zu konzentrieren.

Auch hier bringt Musashi eine tiefere Einsicht zum Ausdruck: Oft kann man sich in Kleinigkeiten festbeißen und dabei die Hauptsache übersehen. Wie beim sprichwörtlichen Gordischen Knoten liegen die Lösungen aber oft ganz offen, wenn man es schafft, sich aus der momentanen Befangenheit zu befreien und sich das Gesamtbild vor Augen zu führen. Wahre Überlegenheit zeigt sich in der Einsicht in elementare Zusammenhänge.

Der Samurai muß dieses Prinzip auch in seinem Alltag anwenden.

Die Fähigkeit, sich auf die wesentlichen Dinge in jeder Situation so zu konzentrieren, daß einem die Kleinigkeiten nie den Blick darauf verstellen können, ist zu wichtig, als daß man erst in Krisensituationen damit beginnen dürfte, sie zu entwickeln.
Wer den wahren Weg erfolgreich praktizieren will, muß die großen Zusammenhänge ständig im Auge behalten.

Indem du dein Wissen über den Weg des Strategen anwendest, kannst du die gegnerischen Truppen als deine eigenen Soldaten ansehen. Du hast die Fähigkeit, auch deinen Gegner nach Belieben hin und her zu bewegen. So bist du der General über den Gegner und seine Truppen. Auch die Feinde sind Soldaten unter deinem Oberbefehl. Das mußt du richtig planen.

Was zählt, ist das Praktizieren des wahren Weges. Alle anderen Gesichtspunkte sind damit verglichen unwesentlich. Wer *Heihô* richtig lebt, wird auch seine Gegner beliebig für seine Zwecke einspannen können. Die eigentliche Herausforderung liegt darin, den wahren Weg in seinem Leben zu realisieren. Dies erfordert nämlich, daß man als seinen stärksten Gegner sich selbst besiegt. Wer dieses Ziel erreicht hat, für den sind alle anderen Gegner im Vergleich dazu bezüglich ihrer Gefährlichkeit nichts als bedeutungslose Spielbälle.

»Den Griff loslassen« hat mehrere Bedeutungen. Es bedeutet zum einen, daß man ohne Schwert gewinnt. Oder man verzichtet auf den Sieg, obwohl man ein Langschwert trägt. Es ist schwer mit Worten zu beschreiben, was dieses Prinzip bedeutet. Du brauchst dafür viel Erfahrung.

Ein unerfahrener und moralisch schwacher Krieger würde nie seine Waffe freiwillig loslassen, vor allem nicht im Kampf: Denn wie soll er ohne Waffe gewinnen, wenn er selbst mit Waffe noch nicht gewonnen hat?
Der erfahrene Krieger hat aber möglicherweise eine andere Perspektive: Er kann sein Schwert loslassen, weil er einen Weg sieht, auf andere Art und Weise zu gewinnen (so wird den Japanern manchmal unterstellt, wirtschaftlich den Sieg über die USA und andere Staaten erringen zu wollen, den sie auf dem Schlachtfeld des Zweiten Weltkrieges nicht hatten davontragen können).
Auch durch einen Friedensschluß oder durch das Schonen eines würdigen Gegners kann manchmal ein wertvoller Sieg errungen werden.
Im Wirtschaftsleben könnte man die sogenannten strategischen Allianzen und die begrenzte Kooperation mit Konkurrenten zur Ausschaltung gefährlicher Bedrohungen durchaus in diese Kategorie einordnen. Auch diese Verhaltensweise muß zum Aktionspotential eines guten Chaosmanagers gehören.
Aber solche Sichtweisen setzen voraus, daß die entsprechende Person erfahren ist und eine Perspektive entwickelt hat, die über das rein kriegerische Denken hinausgeht.

»Der Körper wie ein Fels« bedeutet, daß du, indem du den Weg des Strategen erlernt hast, in kurzer Zeit hart wie ein Fels wirst. Niemand wird dich dann mehr schlagen können. Kein Angriff wird dich aus der Bahn werfen.

Musashi spricht hier die Fähigkeit an, sich völlig auf die vor einem liegende Aufgabe konzentrieren zu können, die

Fähigkeit, mit felsenfester Überzeugung an eine bestimmte Aufgabe heranzugehen.
Wer durch nichts erschüttert oder gebremst werden kann, wenn er eine Aufgabe von äußerster Wichtigkeit vor sich hat, der ist ein echter Meister des wahren Weges.
Musashis Lehren – auf die Realität in heutigen Unternehmen übertragen – bergen folgenden Kern:
Wer einer Krise entgegentreten will, braucht echte, schlagkräftige Macht. Wahre Macht in Gefahrensituationen kommt aus der vorhergehenden Verinnerlichung der wahren Prinzipien. Wenn man die Konfrontation erfolgreich überstehen will, muß man sich durch ein leidenschaftliches Bemühen um die Beherrschung des richtigen Weges darauf vorbereiten.
Eine Organisation, die mit sich selbst im reinen ist, die eine durchdachte Unternehmensphilosophie hat, die ihre interne und externe Kommunikationsarbeit getan hat und daher von der Öffentlichkeit mit der ihr zustehenden Wertschätzung gesehen wird und die sich bereits auf Krisensituationen planmäßig vorbereitet hat, wird eine wesentlich bessere Ausgangssituation haben als eine Organisation, die plötzlich von einer Krise überrascht wird.
Musashi führt aus, daß es vor allem in einer Krisensituation entscheidend ist, alle Umstände unter Kontrolle zu haben. Für eine vernünftig operierende Organisation bedeutet das unter anderem auch, daß sie einen Katastrophenplan erstellt, der es ermöglicht, die Arbeit auch nach einer Katastrophe (wie Brand, Erdbeben, Terroranschlag) fortzuführen. Und zu einem Katastrophenplan gehört auch, daß man einen Public-Relations-Notfallplan hat. Denn durch böse Gerüchte oder unvorhergesehene Umstände kann eine Firma in kürzester Zeit in eine schwere Krise geraten (zum Beispiel wenn das Versagen eines Produktes zu einem schweren Unfall führt oder wenn eine Anlage der Firma oder ein Firmenfahrzeug ursächlich an einer Umweltkatastrophe beteiligt ist, wenn ein Fehler in einem Software-Pro-

gramm zu einer schwerwiegenden Schädigung von Menschen führt, wie es bei medizinischen Anwendungen etc. der Fall sein kann).

Als Teil der Verinnerlichung muß dieser Plan so lange geübt werden, bis ihn die möglicherweise Betroffenen tatsächlich instinktiv beherrschen und er nicht länger nur auf dem Papier steht.

All dies mag selbstverständlich erscheinen, aber die Zahl der Unternehmen, die keinen Katastrophenplan haben, ist immer noch erschreckend hoch.

Viele Unternehmen haben nur verschwommene Vorstellungen. Entsprechend unentschlossen ist dann auch meist ihr Verhalten auf dem Markt. Man muß hundertprozentig wissen, was man will, und dann muß man dieses Wissen auch in zielgerichtete, entschlossene, schnelle Handlungen umsetzen. Andererseits sollte man sich aber auch nicht so sehr vorwagen, daß ein Scheitern zu einer echten Katastrophe führen kann.

In einer Auseinandersetzung sollte man so lange weiterkämpfen, bis man den Sieg errungen hat. Zu Beginn war der Begriff »Made in Japan« in der westlichen Welt etwas Negatives. Man verband ihn mit niedriger Qualität. Aber die Japaner gaben nicht auf und haben sich stetig um Verbesserungen bemüht. Mittlerweile sind japanische Produkte in vielen Bereichen führend in der Qualität.

In diesem Zusammenhang haben sie auch das Prinzip des paradoxen Verhaltens umgesetzt: Sie, die als Produzenten minderer Qualität verschrien waren, haben sich mit Hilfe von Experten wie Walter Deming zur Speerspitze des TQM (Total Quality Management) hochgearbeitet und sind jetzt in der Lage, Europäer und US-Amerikaner über Qualität zu belehren.

Während man sich in einer Auseinandersetzung voller Details befindet, sollte man nicht vergessen, das große Gesamtbild im Auge zu behalten. Als die japanischen Firmen erkannten, daß sie Schwierigkeiten haben würden, mit den Amerikanern bei der Weiterentwicklung von Computern der fünften Generation Schritt zu halten, beschlossen sie auf einer gemeinsamen Konferenz vor einigen Jahren, diesen Schritt mehr oder weniger zu überspringen, und begannen mit dem Versuch, Computer der sechsten Generation zu entwickeln.

Der echte Chaosmanager wird sich sorgfältig auf die sicher kommenden Krisen der Zukunft vorbereiten und schon heute dafür sorgen, daß sein Unternehmen zumindest relativ überlegen ist.

Was man natürlich auch beachten muß, ist die Tatsache, daß die Krise, die Auseinandersetzung mit dem Markt Unternehmen nicht nur befällt. Jedes Unternehmen zieht ja auch gelegentlich aus, größere Anteile des Marktes zu erobern oder sich in gänzlich neuen Bereichen zu etablieren.

Egal ob es darum geht, Bedrohungen entgegenzutreten, oder gilt, sich auftuende Chancen zu nutzen, der Chaosmanager tut gut daran, Musashis Strategie vom Umgang mit dem Feuer des Kampfes ständig zu überdenken und zu üben.

EPILOG ZUM BUCH DES FEUERS

Der wahre Sinn des Weges der Strategie liegt darin, den Gegner zu bekämpfen und den Kampf zu gewinnen. Wie könnte es auch anders sein?

Sieg ist laut Musashi der letztendliche Sinn des Lebens. Natürlich ist es in erster Linie der Sieg über den hartnäckigsten und schwierigsten Gegner: unsere eigene Natur mit all ihren Tücken und Schwächen.

Die Bereitschaft, in dieser Auseinandersetzung nie nachzulassen, ist eine wichtige Voraussetzung, will man den Weg des Chaosmanagers erfolgreich beschreiten. Wenn am Ende die unternehmerische oder persönliche Niederlage kommt, dann werden dadurch auch all die vorangegangenen Siege bitter. Sinnvoll das Chaos managen kann nur der, der dieses Bemühen auch bis zum Ende durchhält.

KONKRETER AKTIONSPLAN

INTUITIVE ÜBERLEGENHEIT

GRUNDORIENTIERUNG:

1. Respekt vor den Anfangsbedingungen
2. Kontinuierliche Perfektionierung
3. Umwelt/Trendbewußtsein

MASSNAHMEN:

1. Aktive Positionierung
2. Paradoxes Verhalten
3. Zielgerichtetheit
4. Timing
5. Kreativität
6. Kommunikation
7. Nischen-/Randstrategie
8. Mentale Dominanz
9. Strategische Allianzen

Erläuterung der Übersicht

Intuitive Überlegenheit erwächst nach Musashi aus der richtigen **Grundorientierung,** die dann in *entsprechenden* **Maßnahmen** ihren Ausdruck findet. Wenn die Grundorientierung stimmt, wird im Laufe der Zeit beim einzelnen Manager und beim Unternehmen eine Eigendynamik hin zu intuitiv richtigem Handeln entstehen.
Die drei Elemente einer *richtigen* **Grundorientierung** sind:
1. *Respekt vor den Anfangsbedingungen* führt zu chaosgerechtem Verhalten: Wer sich bewußt ist, daß kleinste Veränderungen zu Beginn eines Prozesses zu völlig unterschiedlichen Resultaten am Ende führen können, wird auch

den Details die nötige Aufmerksamkeit schenken. Wie ein Schachspieler wird er jeden seiner Züge überlegen und sich dabei bewußt sein, daß er ständig unter unterschiedlichen Zukünften wählt, wenn er Entscheidungen trifft.

2. *Kontinuierliche Perfektionierung* als Ziel wird dazu anspornen, die Qualität der Arbeit unabhängig von der Konkurrenz immer weiter voranzutreiben. Dadurch erst entsteht unternehmerische Unabhängigkeit. Die Werte und Ziele des Unternehmens sind dann nicht mehr von außen dominiert, sondern unterliegen einer Eigendynamik. Dadurch wird dem Markt aktiv begegnet. Durch kontinuierliche Verbesserung des Unternehmens werden Tatsachen auf dem Markt geschaffen. Die Mitkonkurrenten müssen sich diesen Gegebenheiten stellen. Das Unternehmen nimmt damit eine Führungsrolle ein. Es hat einen entscheidenden Einfluß auf die Entwicklungen in seinem Umfeld.

3. Gleichzeitig ist durch *Umwelt/Trendbewußtsein* der Blick geschärft für kommende Herausforderungen. Es wird dadurch verhindert, daß das interne Selbstmanagement des Unternehmens hin zu immer höherwertiger Leistung in Egozentrismus seine Kraft verliert. Der Kontakt zum Markt wird bewußt als Zwei-Wege-Kommunikation verstanden. Das Management nimmt durch kontinuierliche innerbetriebliche Qualitätsverbesserungen in allen Bereichen Einfluß auf die Haltungen und Erwartungen der Kunden oder Klienten und setzt Konkurrenten durch den daraus resultierenden Erfolg unter Zugzwang. Gleichzeitig wird aber auch der Markt genau beobachtet. Erfolg ist das Ergebnis einer symbiotischen Zusammenarbeit mit den Nutznießern und Konsumenten der eigenen Leistung. Deren Bedürfnisse bestimmen mit, was qualitativ hochwertige Leistungen sind.

Diese Grundorientierung wird sich in folgenden **Maßnahmen** ausdrücken:

1. Die eigene *Positionierung* wird *aktiv* betrieben. Man wird diesen wichtigen Aspekt nicht der Konkurrenz oder dem Zufall überlassen. Das Credo der Public Relations war

früher: »Tue Gutes und rede darüber.« Der Chaosmanager weiß, daß sich die Anforderungen in dieser Hinsicht verschärft haben: Es geht nicht nur um Einzelaktionen. Der Kunde erwartet, daß das Gesamtbild eines Unternehmens positiv ist und positiv bleiben kann. Wer für die Zukunft gerüstet sein will, muß zwei Aspekte beachten: a) Was zählt, ist nicht nur, wie man als Unternehmen ist, sondern wie man empfunden wird. Die Kommunikationsprozesse, die auf dem Markt ein Bild des Unternehmens erzeugen, müssen deshalb bewußt und strategisch gesteuert werden. b) Wir leben in einer offenen Welt. Über kurz oder lang lassen sich im Medienzeitalter keine Geheimnisse wahren. Der anvisierte Markt muß deshalb in den wesentlichen Punkten der internen Realität und der externen Leistung der Organisation entsprechen.

2. Durch *paradoxes Verhalten* wird gestaltender Einfluß auf die Umwelt ausgeübt. Man beobachtet nicht nur Trends und Stimmungen, man erzeugt sie bewußt. Dabei erweist man sich als zuverlässig, aber nicht berechenbar. Die Kunden können hohe Qualität, Zuverlässigkeit und Offenheit im Umgang mit dem Markt erwarten. Wie sich diese Prinzipien aber in konkreten Plänen und Projekten ausdrücken, bleibt dem strategischen Geschick der Unternehmensführung überlassen.

3. Die eigenen Anstrengungen erhalten eine klare *Zielgerichtetheit.* Man ist sich bewußt, daß die zunehmende Komplexität der Umwelt die Gefahr der Verzettelung der eigenen Energien heraufbeschwört. Man fokussiert daher seine Energien und stellt sicher, daß man die richtigen Ziele mit Kraft anpeilt und auch erreicht.

4. *Timing* wird als entscheidender Faktor in die eigenen Planungen einbezogen, weil man weiß, daß sich Gelegenheiten immer nur kurzfristig ergeben und Bedrohungen ohne Verzögerung angegangen werden müssen.

5. *Kreativität* wird als entscheidender Faktor zur Beherrschung des Chaos bewußt eingesetzt und gefördert. Kreati-

vität schafft die Flexibilität, die man braucht, um auch unter ständig sich ändernden Bedingungen eine gleichbleibende Unternehmenspolitik erfolgreich in Aktionen umzusetzen.

6. *Kommunikation* wird sowohl gegenüber den eigenen Mitarbeitern als auch gegenüber dem Umfeld und der Konkurrenz als wichtiges Instrumentarium erkannt. Durch integrierte Kommunikation wird Glaubwürdigkeit bei allen relevanten Öffentlichkeiten und Beständigkeit der eigenen Darstellung erreicht.

7. Durch eine intelligente *Nischen-/Randstrategie* wird der Markt vom Rand her aufgerollt. In der Nische kann man es dabei selbst mit weitaus stärkeren Konkurrenten aufnehmen.

8. Die *mentale Dominanz* wird als entscheidender Faktor – gewichtiger als selbst konkrete wirtschaftliche Stärke – erkannt und eingesetzt. Bei der Personalpolitik werden entsprechend Schwerpunkte gesetzt und Freiräume geschaffen.

9. *Strategische Allianzen* werden soweit wie möglich als gemeinsames Vorgehen gegen chaotische Prozesse angesehen und eingesetzt. Im Extremfall mündet das in ständig wechselnde Kooperationen eines virtuellen Unternehmens. Über zeitlich befristete Joint-ventures können so sogar die Ressourcen von Konkurrenten im eigenen Chaosmanagement eingesetzt werden.

DAS BUCH DES WINDES

PROGRAMMIERTE UNTERWEISUNG

Das vierte Buch ist das »Buch des Windes«. Dieses Buch handelt nicht von meiner eigenen Schule, sondern von den anderen Schulen dieser Welt ...

Im Buch des Windes geht Musashi auf die Strategiemethoden ein, die scheinbar Substanz haben, sich am Ende aber als heiße Luft erweisen.

Musashi hält es für wichtig, sich mit allen gängigen Ansätzen und Methoden auseinanderzusetzen. Chaosmanagement ist für ihn keine Abkürzung zum schnellen Sieg. Es stellt statt dessen ein Hinausgehen über den Weg der anderen dar. Der gute Chaosmanager ist in allen Anforderungen seines Bereiches so erfahren wie ein konventioneller Manager. Er hat nur durch eine neue Sicht der Dinge und durch Verinnerlichung wichtiger übergeordneter Prinzipien eine überlegene Position errungen.

Es ist wichtig, die Wege der unterschiedlichen Schulen zu kennen ... Wer nicht mit den anderen Schulen vertraut ist, der kann auch meine Lehre vom Weg der Strategie nicht voll meistern.

Wer Chaosmanagement richtig betreiben will, muß die gängigen Managementmethoden und ihre Schwächen hinsichtlich der Bewältigung zunehmender Marktturbulenzen und veränderter Mitarbeitererwartungen kennen. Zudem hat jeder Fachbereich, auch die Managementlehre, eine Geschichte, die wichtige Erkenntnisse mit sich bringt. Nur wer diese Geschichte und die damit jeweils verbundenen Methoden genau kennt, kann von dieser Basis aus in Richtung Chaosmanagement weiterschreiten.

Andere Schulen sehen den Weg der Strategie lediglich als eine der Künste. Sie kommen vom wahren Pfad ab, weil sie versuchen, den Weg künstlich als Schauspiel vorzuführen, um ihn so als Geschäft zu betreiben. Sie tragen ihre Lehren zu Markte und sehen ihr Werk als Mittel zum Lebensunterhalt ... Dies wird dem wahren Weg aber nicht gerecht.

Eine Warnung vor allem auch an unsere Zeit: Wer seine Arbeit nur um des persönlichen Gewinns willen betreibt, wird nie ein Meister in seinem Bereich werden. Musashi behauptet: Um zu dauerhaftem Erfolg zu kommen, ist es nicht nur wichtig, was man tut, sondern auch, wie man es tut und warum man es tut. Das ist dann letztendlich eine Frage nicht nur der besten Technik, sondern auch der besten Motivation.
Der Chaosmanager wird sich nicht nur wegen des Sozialprestiges oder wegen der erreichbaren Macht oder aus purem Materialismus in seinem Bereich einsetzen, sondern wegen der großen Verantwortung, die mit seinen Aufgaben verbunden ist.
Jeder Mensch sollte zum Wohle aller daran interessiert sein, die negativen Auswirkungen des Chaos auf das Leben soweit wie möglich einzudämmen. Viele Unglücke und Katastrophen können zwar wegen der Unberechenbarkeit oder der überlegenen Naturgewalt unserer Welt nicht verhindert werden. Dagegen hat der Mensch aber einen breiten Spielraum, in dem er dafür sorgen kann, daß der Schaden, der den Menschen und der Umwelt dabei widerfährt, möglichst gering gehalten wird.
Niemand kann bisher Erdbeben verhindern, aber Architekten und Bauingenieure können Häuser so bauen, daß sie Erdbeben besser überstehen. Niemand kann garantieren, daß keine Öltanker mehr an irgendwelchen Küsten stranden. Aber doppelwandige Außenhäute und besser ausgebil-

dete Mannschaften können den Schaden bei solchen Ereignissen minimieren helfen.
Genauso wird auch niemand verhindern können, daß die Weltwirtschaft Höhen und Tiefen durchläuft. Aber der gute Chaosmanager wird sich dabei der Verantwortung für sein Unternehmen, für seine Mitarbeiter und die Wirtschaft im allgemeinen bewußt sein. Und in diesem Sinne wird er seinen Einsatz leisten.
Das mag blauäugig klingen, aber Musashi, der es aufgrund seines Erfolges wissen muß, bringt klar zum Ausdruck: Wenn sich der Chaosmanager nicht vor allem durch überlegene Ethik auszeichnet, wird er nicht in der Lage sein, dauerhafte Siege zu verzeichnen.
Das gleiche Prinzip gilt nicht nur für den einzelnen Manager, sondern auch für die Grundorientierung von Unternehmen. Die Ansprüche der Konsumenten, Kunden, Mitarbeiter und der Öffentlichkeit insgesamt an die Unternehmen haben sich im Laufe der letzten Jahrzehnte deutlich verändert. Heute erwartet man mehr als nur Produkte oder Dienstleistungen von guter Qualität zu einem angemessenen Preis. Das Unternehmen muß in seinen Produkten, in seiner Mitarbeiterführung, in seiner ökologischen Verantwortlichkeit einen Lebensstil verkörpern, den die Gesellschaft als positiv und bereichernd empfindet. Werden in diesen Bereichen Grunderwartungen enttäuscht, kann das Image eines Unternehmens schnell schwinden – mit gleichzeitig katastrophalen Ergebnissen für die Ertragslage.

Andererseits wird der Weg der Strategie von manchem auf das Praktizieren der Schwertkunst beschränkt. Man versucht dadurch Wege zum Sieg zu finden, daß man lediglich eifrig das Schwingen des Langschwertes übt, den Körper in gute Form bringt und an der Kampftechnik feilt. Auch dies wird dem wahren Weg aber nicht gerecht.

Ein bloßes Suchen nach der besten Technik, der besten Methode reicht nicht aus. Es ist zwar ein Schritt in die richtige

Richtung, denn wer die falschen Methoden hat, kann sehr viel gewinnen, wenn er sich in seiner Vorgehensweise verbessert. Aber über kurz oder lang gibt es viele Beispiele von Menschen, die eine gewisse Zeit sehr erfolgreich waren und unter Umständen sogar große Vermögen aufgebaut haben, am Ende aber dadurch wieder alles verloren, daß sie nicht in der Lage waren, sich auch selbst zu managen.
Immer wieder betont Musashi: Jede strategische Aufgabe muß letzten Endes im Gesamtkontext gesehen werden. Wer keine übergeordnete Vision einer besseren Welt hat, der wird auch nicht in der Lage sein, dauerhafte und wertvolle Entscheidungen zu treffen und sich als positiver Faktor am Markt zu halten.

Einige der anderen Schulen neigen zum Gebrauch besonders großer Langschwerter. In meinem *Heihô* wird das als ein Zeichen der Schwäche gesehen. Man versteht dabei das Prinzip nicht, daß jedes Mittel recht ist, das zum Sieg führt.

Manche Unternehmer glauben, daß es vor allem an der eigenen wirtschaftlichen Macht liegt, ob man sich gegen andere Unternehmen auf dem Markt durchsetzen wird. Musashi würde es nicht erlauben, daß man sich in dieser Weise einseitig auf eine einzige Methode beschränkt.
Mit Kreativität und überraschenden, genialen Strategien kann man auf dem freien Markt sehr viel auch gegen wesentlich stärkere Konkurrenten wettmachen.
Sich immer auf den einfachen, vertrauten Weg zurückziehen zu wollen, ist zwar für das Gewohnheitstier Mensch verlockend, langfristig kann man damit aber keine echten Erfolge erzielen.

In meiner Schule werden Engstirnigkeit und einseitiges Denken abgelehnt.

Musashi ist auch hier ganz modern: Dogmatismus ist selten die Lösung. Wer wirklich gewinnen will, muß sich ganz auf den Sieg konzentrieren. In der Theorie kann man es sich erlauben, an bestimmten Methoden und Ansichten zu allen Zeiten festzuhalten. In der wirklichen Welt zählt nur, was tatsächlich Erfolg bringt. Und da sich die Gegebenheiten ständig ändern, ändert sich auch die jeweils richtige Methode. Nur wer flexibel ist, kann eine Erfolgstheorie in einen tatsächlichen Sieg umwandeln.

Der Weg der Strategie, auf große Verbände angewandt, besagt: Wenn man versucht, durch den Aufbau großer Armeen stark zu werden, dann wird der Gegner lediglich das gleiche tun. Den Kampf kann man aber nur gewinnen, wenn man die richtigen Prinzipien anwendet.

Rohe Macht ist nie ein Ersatz für Strategie und Einfallsreichtum. Weder im Kampf noch im Wirtschaftsleben. Wenn Unternehmen sich auf einen reinen Verdrängungswettbewerb einlassen, dann sind in der Regel alle Beteiligten die Verlierer, und der Markt fällt über kurz oder lang vielleicht einem Außenseiter mit ausgeklügelter Strategie zu.

Auf eine momentane Unaufmerksamkeit des Gegners zu spekulieren zwingt einen nur in die Defensive. Man begibt sich damit in eine Situation, in der man leicht vom Gegner getäuscht werden kann. Ich habe deshalb eine Abneigung gegen solche Taktiken.

Unsere Taktik und unsere Erwartung für die Zukunft dürfen nicht auf der Schwäche der anderen aufbauen. Wer sich darauf verläßt, daß die Konkurrenz nicht optimal in ihrer Technik und ihrer Taktik ist, der setzt seinen Erfolg damit automatisch auf unsicheren Boden.
Statt dessen muß jeder lernen, seinen Erfolg auf eigene Füße zu stellen. Aus der eigenen Stärke muß der Sieg erwachsen, nicht aus einer vermeintlichen Schwäche der anderen.
Wer sich darauf verläßt, daß andere schwach sind, wird in allen Lebensbereichen eine armselige Leistung und eine be-

dauernswerte Einstellung an den Tag legen. Und sobald er an einen auch nur einigermaßen starken Gegner gerät, wird er verlieren.
Der Schlüssel zum Erfolg liegt darin, sich vielmehr um die eigene Stärke zu sorgen. Nur wer auf die eigene Stärke setzt und sie permanent weiterentwickelt, wird am Ende nicht verlieren können.

Der Weg der Strategie ist geradlinig und richtig. Es ist deshalb von äußerster Wichtigkeit, den anderen entschlossen durch die Anwendung der richtigen Prinzipien zu überzeugen.

Die Geradlinigkeit und Entschlossenheit des Vorgehens wird hier noch einmal betont.
Der erste Schritt ist, zu wissen, wohin man sich eigentlich bewegen möchte. Nur wer weiß, wohin er will, hat die Chance, dieses Ziel dann auch direkt und ohne Umschweife zu erreichen.
In gewisser Weise hat Musashi damit dem *Management by objectives* schon vor mehr als dreihundert Jahren das Wort geredet.

Es ist falsch, anzunehmen, es gäbe viele Wege zum Sieg über den Gegner.

Auf den ersten Blick scheinen wir hier ein Paradoxon vor uns zu haben. Nachdem Musashi uns gelehrt hat, auf vielfältige Weise zu siegen, behauptet er jetzt, daß es nur einen Weg gibt, den Gegner zu schlagen.
Aber es handelt sich hier nicht um einen Widerspruch, sondern um eine Verdeutlichung:
Es mag sicherlich viele Taktiken geben, um an den Schlußpunkt zu gelangen, um alles sozusagen auf einen Nenner zu bringen. Aber dieser Nenner selbst ist dann immer derselbe: Man ist erfolgreicher als die Konkurrenz.
Für den Unternehmer bedeutet das, daß die korrekt kalkulierten Dienstleistungen oder Waren vom Markt in über-

schwenglicher Weise akzeptiert werden, daß man besser abschneidet als die Konkurrenz oder zumindest mit einem beträchtlichen Profit.
Wie man dorthin gelangt, das mag eine Frage nach vielen denkbaren Wegen sein. Auf die Frage, ob man bereits am Ziel angekommen ist, kann es aber immer nur ein klares Ja oder Nein geben.

Bei meinem Weg der Strategie ist für den Sieg entscheidend, daß man selbst innerlich eine aufrechte Haltung beibehält, während man den Gegner verwirrt und ihn zwingt, sich zu winden, und ihn dadurch aus dem Gleichgewicht bringt. Das gilt es zu beachten.

Die Betonung liegt noch einmal auf der inneren Stärke. Im Grunde kämpfen wir nie gegen andere, sondern immer nur gegen uns selbst. Wenn wir es schaffen, stabil zu bleiben, und den Herausforderungen innerlich gewachsen sind, dann wird es uns nicht schwerfallen, uns den Angriffen eines jeden Gegners zu widersetzen und ihn in die Defensive zu treiben.
Wenn wir stark bleiben, wird der Gegner dadurch automatisch schwach werden, wird er selbst in die Enge getrieben werden.
Bei den meisten Unternehmen, die ins Schleudern geraten, lassen sich denn auch interne Schwächen ausmachen, die letztendlich die Krisensituation heraufbeschworen haben. Nur wenn das Betriebsklima von allgemeinem Wohlwollen, Kooperation und positiver Zukunftserwartung geprägt ist, hat das Unternehmen die innere Kraft, sich auch schwierigen äußeren Bedingungen auf Dauer erfolgreich zu stellen.

So etwas wie eine Haltung oder Kampfstellung gibt es nur, solange kein Gegner da ist. Im Kampf kann man aber nicht starr bleiben. Man kann nicht einfach darauf bestehen: »Dies ist der Weg, wir haben dies seit alten Zeiten so gemacht« oder »Das ist der moderne Weg, die Dinge anzugehen«. Der Weg zum Sieg liegt allein darin, daß man die Umstände so verändert, daß sie dem Gegner zum Nachteil gereichen.

Auf die Auseinandersetzung kann man sich nur bis zu einem gewissen Grad vorbereiten. Danach ist es hauptsächlich eine Frage der Flexibilität und der Verinnerlichung der richtigen Prinzipien. Während die Unternehmensphilosophie konsistent sein sollte, müssen alle Operationen ständig den neuesten Gegebenheiten angepaßt werden. Scott McNealy, der Chef von Sun Microsystems, der den Umsatz seiner Firma innerhalb von zehn Jahren 485fach erhöht hat und mittlerweile jährlich 4,2 Milliarden Dollar umsetzt, ist in dieser Hinsicht ein gutes Beispiel: Laut einem Berater der Bostoner Consultingfirma Geopartners kann er »blitzschnell die Spielregeln ändern ... er agiert im Markt wie ein Schachprofi und begreift, daß man jeden noch so temporären Vorteil nutzen muß«. (Wirtschaftswoche 11/1993). Kein Wunder, daß McNealy als einer der Wunschkandidaten für den Posten des neuen CEO (geschäftsführenden Direktors) von IBM galt, ein Angebot, das er aber auch wohl eingedenk der gegenwärtigen Inflexibilität des »Dinosauriers« der Computerwelt ablehnte.

Man muß den Gegner in seiner Haltung erschüttern, indem man Strategien anwendet, mit denen er nicht rechnet, indem man ihn verwirrt oder erschrickt, indem man ihn in Wut versetzt und ihn so herausfordert, daß er seinen Rhythmus verliert.

In der Auseinandersetzung ist der Rhythmus das Wichtigste. Wir Menschen neigen von Natur aus dazu, gewohnheitsmäßig zu handeln. Wer über diese Macht der Gewohnheit hinauswachsen kann, hat automatisch eine Position der Stärke eingenommen, aus der er nur schwer zu verdrängen sein wird.
Die Fähigkeit, das zu tun, was angemessen ist, auch wenn es

sich um eine völlig neue Verhaltensweise handelt, ist vielleicht die wichtigste Fähigkeit, die man in dieser Hinsicht an den Tag legen kann.

Wenn man mit einer Sache wirklich vertraut ist, dann ist es nicht mehr nötig, alle Abläufe genau mit den Augen zu verfolgen.

Wer in einer Sache wirklich erfahren ist, der hat es nicht mehr nötig, sich so sehr auf Details zu versteifen. Statt dessen wird er die Freiheit, sich auf wesentliche Aspekte und den großen Überblick konzentrieren zu können, erreicht haben.

Wie Musashi aber bereits zuvor betont hat, liegt das Wesentliche nicht unbedingt dort, wo man es vermuten würde. Oft liegt der entscheidende Ansatzpunkt am Randbereich eines Marktes, sind es die Lücken und Nischen, die es zu erkennen gilt, liegen die Probleme eines Konkurrenten ganz woanders, als man annehmen würde. Zudem kann eine strategische Allianz statt eines Verdrängungswettbewerbs die beste Antwort auf eine problematische Situation sein.

Durch die Koordinationsarbeit des Technologieministeriums MITI haben die japanischen Firmen zum Beispiel oft gemeinsam ganze Sektoren in den USA oder in Europa ausgeschaltet, bevor sie sich (und dann oft auch als Konkurrenten) in den verwaisten profitablen Markt stürzten.

Letztendlich soll verinnerlichtes Chaosmanagement den Manager dazu frei machen, seinen Blick schweifen lassen zu können, damit er die entscheidenden Aspekte ausmachen kann. Wer vor lauter Bäumen den Wald nicht sehen kann, weil er sich zu sehr in den täglichen Routineaufgaben verzettelt, dem entgehen oft die besten Chancen.

Beim Weg der Strategie muß man seinen Blick auf den Geist des Gegners richten.

Man muß seinen Blick so schulen, daß man auch in der Schlacht die Gedanken des Gegners liest ... Man muß die in-

neren Stärken und Schwächen der eigenen Truppen und der des Gegners genau erfassen. So wird man letztendlich den Sieg erringen.

In einer Auseinandersetzung ist es wichtig, daß man den Gegner in seinem tiefsten Inneren versteht. Wer den Gegner völlig durchschaut, kann von diesem nur schwer geschlagen werden.

Oft wird sich dabei herausstellen, daß der Kern nicht in den gegenwärtigen Bilanzzahlen, sondern in der Unternehmensphilosophie und der Corporate Culture des gegnerischen Unternehmens liegt. Die Art und Weise, wie man denkt und miteinander und anderen umgeht, birgt meist den wesentlichen Ansatzpunkt für die Erkenntnis, ob man es mit einem starken oder einem schwachen Gegner zu tun hat.

Vor kurzem hat der Geschäftsführer und Mitgesellschafter eines der größten Softwarehäuser Deutschlands mit phänomenalen Wachstumsraten in einer Rede an die Belegschaft zum Ausdruck gebracht, daß er sich über die lässige Einstellung seiner Mitarbeiter zum Unternehmen Sorgen mache. Wenn die Mitarbeiter selbst ihre Firma nicht ernst nehmen, dann wird dieses Unternehmen schnell untergehen.

In der Schlacht wie auch beim Zweikampf darf man sich nicht von Einzelheiten ablenken lassen. Wer seinen Blick auf das Kleine heftet, verliert das Große aus den Augen. Das führt zu einem unbeständigen Geist und dazu, daß man sichere Gelegenheiten zum Sieg versäumt.

Ein guter Manager darf nie den Überblick verlieren. Dies ist eine grundlegende Tatsache. Wer sich ablenken läßt und sich in Kleinigkeiten verzettelt, der wird nie in der Lage sein, ein ganzes Unternehmen oder einen ganzen Unternehmensbereich erfolgreich in die Zukunft zu leiten.

Bei meinem Heihô bewegt man die Füße im Kampf nicht anders, als man sie sonst beim Gehen auf der Straße auch bewegt. Ich folge einfach dem Rhythmus des Gegners und bewege meinen Körper entsprechend, egal ob er hastet oder seinen Schritt verlangsamt. Ich halte nur meine Fußarbeit unter Kontrolle und lasse nicht zu, daß ich zu schnell oder zu langsam werde.

Wieder betont Musashi, daß es keinen Sinn hat, sich in der Schlacht plötzlich anders verhalten zu wollen, als man es sonst tut. Stärke in Krisensituationen kann nur zeigen, wer auch sonst stark ist. Und nur wer immer sicher auftritt und den richtigen Rhythmus einzuschlagen weiß, wird auch in der Krise stabil bleiben und den richtigen Rhythmus finden.

Es ist wichtig zu erkennen, wann der Gegner die Kontrolle verliert und sein Zusammenbruch beginnt. Dann darf man ihm keine Ruhepause gönnen. Übe dies gut.

Eine der entscheidenden Fähigkeiten eines guten Führers ist es, genau zu erkennen, wann es angebracht und an der Zeit ist, sich mit ganzer Kraft einzusetzen. Man kann einen solchen Einsatz nur für eine bestimmte Zeit durchhalten. Deshalb ist es besonders wichtig, den richtigen Zeitpunkt zu wählen.

Ein Meister ... erscheint nie hastig in seinen Bewegungen ... Wer hastet, der stolpert. Wenn man zu schnell handelt, gerät man aus dem Takt. Natürlich darf man auch nicht zu langsam sein. Ein Meister wirkt in all seinen Handlungen gelassen und verliert nie seinen Rhythmus.

Man darf auch im unternehmerischen Bereich nie schneller voranpreschen, als man es kontrollieren kann. Sonst begibt man sich in gefährliche Situationen. Bei zu großer Eile verliert man zu leicht die Kontrolle.
Auf der anderen Seite darf man aber auch nicht nur deshalb in der eigenen Kreativität und im Bemühen um effektive Strategien nachlassen, weil man sich gerade in einer individuellen oder allgemeinwirtschaftlichen Boom-Phase befin-

det. Gerade zu solchen Zeiten gilt es, das vorgelegte Tempo in vernünftigem Maße beizubehalten und nicht nachzulassen. Nur so wird man auch für unerwartete Angriffe oder allgemeine Entwicklungen mit negativen Auswirkungen gewappnet bleiben.

Wenn dein Gegner hastig handelt, dann widerstehe seinem Drängen und laß dich nicht von ihm mitreißen. Diese Haltung gilt es fleißig zu üben.

Es ist wichtig, sich nie von der Panik der anderen anstecken zu lassen. Man muß Situationen unabhängig und objektiv analysieren. Oft wird man dabei feststellen, daß die Dinge keineswegs immer so sind, wie die große Mehrheit sie einschätzt. Und diejenigen, die es schaffen, aus der großen Masse auszubrechen und einen neuen, eigenen Weg aufgrund eigener, korrekterer Analysen einzuschlagen, sind auch oft diejenigen, die sich am Ende durchsetzen.

Wenn ich meinen Weg der Strategie einen Anfänger lehre, dann lasse ich ihn zuerst die Techniken üben, die er schnell erlernen kann. Die schwierigeren Punkte und tieferen Prinzipien bringe ich ihm erst bei, wenn er dafür bereit ist. Aber weil ein Großteil meiner Lehren Wissen darstellt, das durch Erfahrung erworben werden muß, ist es mir nicht besonders wichtig, zwischen Techniken für Anfänger und Techniken für Fortgeschrittene zu unterscheiden.

Eine Warnung, daß man nie ein schnelleres Tempo vorlegen sollte, als man selbst verkraften kann, und daß man sich nicht mit Bereichen abgeben sollte, die zur Zeit noch das eigene Können übersteigen.
Zuerst ist es einmal wichtig, im eigenen überschaubaren Bereich alles optimal durchzugestalten. Danach kann man sich dann zunehmend schwierigeren Aufgaben zuwenden.
Neue Erfahrungen sollten auf kontrollierte Art und Weise gesammelt werden. Wer Erfahrungen sammelt, erwirbt sich damit einen persönlichen Schatz an Wissen, der ihm in Kri-

senzeiten entscheidende Vorteile verschaffen kann. Ein Aspekt, den man auch bei der persönlichen Karriereplanung im Auge behalten sollte.

Zusammenfassend kann man über Musashis Buch des Windes, eine Analyse der anderen Schulen, sagen:

Musashi empfiehlt, den Gegner gut kennenzulernen, sich nicht auf nur eine Angriffstaktik oder Methode zu verlassen. Eine solche Engstirnigkeit ist eine Schwäche.

Man muß die Züge der anderen vorausplanen/-ahnen können und die Initiative ergreifen, damit man die Umstände zu seinem eigenen Vorteil manipulieren kann.

Vor allem muß man eine passive Einstellung und Denkweise vermeiden.

Man darf nicht zulassen, daß der Gegner den eigenen Rhythmus bestimmt, entweder hemmt oder zu Eile und Hast zwingt.

Man sollte sich immer vergegenwärtigen, daß es keinen inneren und äußeren Kreis von Eingeweihten in die erfolgreichsten Methoden gibt. Einige wichtige Prinzipien können auch von Anfängern bereits verinnerlicht sein.

Ein tieferes Verständnis kommt dann, wenn man ständig weiterlernt und die richtigen Prinzipien anwendet. Dabei ist es wichtig, daß man von Anfang an nicht im geringsten vom richtigen Weg der Wahrheit abweicht, denn die leichteste Abweichung zu Beginn wird im Laufe der Zeit zu einer großen Verzerrung werden.

EPILOG ZUM BUCH DES WINDES

Selbst innerhalb einer Schule gibt es oft unterschiedliche Ansichten. Ich bin aber davon überzeugt, daß sich spätere Zeiten kaum dafür interessieren werden. Deshalb gehe ich auch nicht auf diese Fragen ein.

Musashi macht also deutlich, daß es ihm darum geht, allgemeine Prinzipien für alle Zeiten zu entwickeln, und nicht darum, nur spezielle Schwerttechniken für seine spezifische Zeit zu vermitteln.

Wer seine Prinzipien und seine Lehre sorgfältig durchdenkt, der wird davon zu jeder Zeit immer dann profitieren, wenn es um strategische Herausforderungen geht. Und fast ein jeder wird täglich sowohl im Beruf als auch im Privatleben mit Herausforderungen konfrontiert.

Das Wichtigste am Weg der Strategie ist, den Wert der richtigen Prinzipien im Sinn zu behalten und sich diese Tugenden zu eigen zu machen.

Die Verinnerlichung der Tugenden, der korrekten Prinzipien des eigenen Verantwortungsbereiches ist letztendlich das Ziel aller Aktivitäten.

Auf das gesamte Leben übertragen gilt: Richtig leben zu lernen ist das, was wirklich zählt.

Wer dies sorgfältig in seiner eigenen Persönlichkeit verankert, der wird im Laufe der Zeit auch immer mehr zu einem fähigen Manager des äußeren und inneren Chaos werden.

KONKRETER AKTIONSPLAN

DAS NEUE CHAOSMANAGEMENT

1. HOLISTIK

2. PRINZIPIENORIENTIERUNG

3. FÜHRUNGSORIENTIERUNG

4. WERTORIENTIERUNG

5. WACHSTUMSORIENTIERUNG

In seinem Vergleich zwischen seinem eigenen Weg und den Lehren der anderen hat Musashi folgende Aspekte des **neuen Chaosmanagements** (im Kontrast zu klassischen Managementansätzen) besonders betont:

Der gute Chaosmanager wird sich der **Holistik** aller Lebensbereiche bewußt bleiben. Im Grunde kann in der Realität kein Prozeß von allen anderen isoliert betrachtet werden. Alles fließt zusammen, und bei allen Entscheidungen muß der Gesamtkontext beachtet werden.

Die eigene Stärke muß dabei aus der persönlichen und unternehmerischen **Prinzipienorientierung** erwachsen. Unabhängig davon, was die anderen machen, muß man seiner eigenen Verantwortung gerecht werden. Der Manager muß dabei von innen her gesteuert werden. Auf äußere Gegebenheiten darf er nicht lediglich reagieren. Geleitet von eigenen Prinzipien und Vorstellungen über den Gesamtkontext wünschenswerten unternehmerischen Handelns, muß er aktiv Einfluß auf seinen Verantwortungsbereich, den Markt und die gesamtgesellschaftliche Entwicklung nehmen.

Ein wichtiger Aspekt ist dabei eine entsprechende **Führungsorientierung.** Auf dem Markt und auch hinsichtlich der akzeptablen Standards sollte man sich darum bemühen, selbst die Vorreiterrolle zu übernehmen. Einfluß wird am besten durch Führung in reale Veränderungen umgesetzt.

Dabei sorgt eine **Wertorientierung,** bei der man Werte als die wichtigsten Leitlinien für das eigene Handeln anerkennt, für den notwendigen Unterbau der Aktivitäten. Außer Profitmaximierung müssen dabei auch ethische Motivationen zum Tragen kommen, wenn das Unternehmen eine solide Basis für erfolgreiches Chaosmanagement und für eine langfristige Akzeptanz auf dem Markt und im gesellschaftlichen Umfeld haben und erhalten will.

Durch eine rigorose **Wachstumsorientierung** wird die eigene Trägheit überwunden und eine Vision für die Zukunft geschaffen, die soziale Energien aktivieren und in Hochleistungen verwandeln kann. Eine konsequente Unternehmenskultur des Wachstums und der beständigen Qualitätssteigerung bewirkt eine organisatorische Eigendynamik, die Unabhängigkeit von äußeren Rhythmen und effektives antizyklisches Verhalten ermöglicht.

DAS BUCH DER LEERE

PROGRAMMIERTE UNTERWEISUNG

Als fünftes kommt das »Buch der Leere«. Das Buch heißt »Leere«, weil es auf dem Weg des Strategen keine Anfänge oder Geheimnisse gibt. Selbst wenn man die wahren Prinzipien verinnerlicht hat, darf man sich doch nicht von ihnen festlegen und einschränken lassen. Wenn du auf dem Weg des Kriegers wahrhaft frei bist, dann wird dich eine unglaubliche innere Kraft erfüllen. Du wirst dann immer ganz natürlich richtig reagieren, den Rhythmus jeder Situation genau erkennen, dem Gegner direkt und offen entgegentreten und im Kampf die Initiative ergreifen. Das ist der »Weg der Leere«.

In seinem letzten Buch, dem Buch der Leere, beschreibt Musashi die Reife, die man auf dem wahren Pfad erreicht.
Ein gereifter Chaosmanager ist voller Weisheit und Willenskraft. Er ist sich ständig seiner Umgebung bewußt und kann auf seine intuitiven Sinne vertrauen. Er ist in der Lage, die Dinge korrekt zu beurteilen, weil er die trügerischen Illusionen dieser Welt erkannt hat. Er steht auf einem starken Fundament, von dem aus er mit einem geradlinigen und ehrlichen Geist weitergehen kann. Er hat perfekte Freiheit erreicht, weil er nun den wahren Weg in sich aufgenommen hat. Er fühlt eine ungeheure innere Stärke, weil er von nun an – von seiner ureigenen Natur geleitet – automatisch richtig auf alle Situationen reagiert.

Die Leere bedeutet: das, in dem nichts ist. Sie ist das, was einem zu wissen nicht möglich ist. Die Leere ist das Nichts ... Das Nichtexistierende, das ist die Leere.

Die Leere ist der Bereich, den man nicht von außen erforschen kann, sondern der nur innerlich erfahren werden kann. Wer die Leere erfaßt, der hat den Zustand erreicht, in dem er sich aus aller gedanklichen Enge gelöst hat. Wir alle sind Kinder einer bestimmten Zeit und einer bestimmten Kultur. Unser tägliches Leben hat oft einen fast schematischen Ablauf. Und meist vergessen wir, daß alles, was wir gewöhnlich tun, nur so von uns getan wird, weil wir zu einer bestimmten Zeit in einer bestimmten Kultur aufgewachsen sind. Für uns ist diese kulturelle Prägung die Realität, und alles andere kommt uns oft fremd und irreal vor.

In Wirklichkeit ist die Sachlage aber ganz anders: Im Grunde ist nämlich unsere punktuelle Wirklichkeit die Illusion. Nur wer sich aus dieser konditionierten Enge befreien kann, wird wirklich frei. Die wahre Realität liegt dort, wo wir vorher nur Leere sahen. Nur wer aus sich selbst heraustreten kann, sein eigenes Leben, sein eigenes Unternehmen, seine eigene Kultur als ein Staubkorn im ständigen Fluß der Zeit sehen kann, der erst ist wirklich frei.

Dieses In-Harmonie-mit-dem-Fluß-der-Realität-Treten meint Musashi, wenn er von der sogenannten »Leere« spricht. Wer die Leere in dieser Weise erfaßt, entleert sich der Trugbilder seiner engen gedanklichen Welt. Nur wer in den Bereich vorstößt, wo er den kontinuierlichen Fluß der Geschichte erkennen kann, und derart eins mit diesem Prozeß wird, daß er sich dadurch gedanklich von der Befangenheit in seinem momentanen eingegrenzten, dem Augenblick verhafteten Leben lösen kann, wird wirklich frei. Erst aus dieser Freiheit heraus kann er die Zusammenhänge des Lebens richtig einschätzen und in Harmonie mit der Realität des Chaos das Chaos in perfekter Weise managen.

Wer den richtigen Weg verinnerlicht, der stößt in seinem Denken in diesen Bereich vor. Das, was wir aus unserer gegenwärtig befangenen Perspektive für Illusion halten, wird sich dann als die wahre Substanz erweisen. Nicht innerhalb unserer eigenen gedanklichen Welt liegt die Wahrheit. Erst wenn wir uns innerlich von den Begrenzungen unserer eigenen Zeit und Kultur lösen können, erreichen wir den Zustand der kreativen Leere, aus dem heraus wir mit Stärke in die Abläufe unserer persönlichen Welt eingreifen können.

Als ein Samurai den Weg der Strategie sicher zu erfassen und klar zu verstehen, auch in den Kampfkünsten Fertigkeiten zu erwerben, keine Illusionen im Herzen zu haben, die eigene Weisheit und Willenskraft zu stärken, den intuitiven Sinn und die Urteilskraft täglich zu schärfen – wenn der Nebel der Illusion verflogen ist –, das muß als die wahre Leere verstanden werden.

Durch entsprechende Disziplin und Übung wird der Praktizierende in einen Zustand versetzt, der dem Ideal entspricht, in dem man nicht mehr getäuscht werden kann, in dem man in sich selbst die wahre Leere, die Losgelöstheit von aller gedanklichen Enge, erreicht hat.

Solange jemand den wahren Weg nicht kennt, ist er überzeugt, daß sein Weg der einzig richtige ist – egal ob er nun an den Weg Buddhas oder an irgendeine andere Lehre dieser Welt glauben mag. Aber vom Standpunkt des wahren Weges aus gesehen und im Licht der realen Welt ist diese Überzeugung nicht richtig, weil sie von individuellen Vorurteilen und einer verzerrten Sichtweise herrührt. Beachte dies sorgfältig. Praktiziere den Weg der Strategie mit einem offenen, geradlinigen Geist und einem ehrlichen Herzen.

Die Leere ist geprägt von Wahrheit und vom Guten. Dies zu erreichen, ist das höhere Ziel jeglicher menschlicher Aktivität, wenn diese wirklich Sinngehalt haben soll. In diesem Sinne schließt sich der Kreis: Denn das Gute und die Wahrheit sind nicht nur das Ziel unserer Arbeit, sie sind gleichzeitig auch die Prinzipien, die jeden Tag unsere Arbeit bestimmen sollten.

KONKRETER AKTIONSPLAN

DIE KREATIVE LEERE

LOSLÖSUNG VON ALLER GEDANKLICHEN ENGE

ÜBERWINDUNG UNSERER BINDUNG AN ZEIT UND KULTUR

DIE WAHRE REALITÄT IST EIN BESTÄNDIGER FLUSS AN MÖGLICHEN ZUKÜNFTEN

KLARHEIT UND KRAFT DURCH VERINNERLICHUNG DER PRINZIPIEN DES CHAOSMANAGEMENTS

DIE WAHRHEIT ALS RICHTSCHNUR SCHAFFT GUTE ZUKÜNFTE

In die **kreative Leere** dringt der Chaosmanager erst vor, wenn er es geschafft hat, sich von **aller gedanklichen Enge** zu lösen. Er muß dabei seine persönliche **Bindung an seine Zeit und Kultur überwinden,** muß einen geschichtlich und kulturell neutralen und objektiven Standpunkt einnehmen. Dann wird er die **wahre Realität** als einen **beständigen Fluß an möglichen Zukünften** erleben. Durch die **Verinnerlichung der Prinzipien des Chaosmanagements** wird er die **Klarheit** und die **Kraft** für diesen mentalen Sieg gewinnen. Er wird dann auch erkennen, daß die Geschichte aller menschlichen Kulturen das Ende offenläßt. Als letzte Waffe wird er dann die **Wahrheit** selbst dazu einsetzen, die **Richtschnur zur Schaffung guter Zukünfte** zu sein.

NACHWORT

Musashis Weg ist ein Weg zu persönlicher Vervollkommnung. Diese Vollkommenheit ist eine wichtige Voraussetzung, um sein eigenes Leben und das Leben anderer sinnvoller gestalten zu können.
Musashi war ein relativ einsamer Mann, der für sich allein lebte. Nicht unbedingt seine kulturelle Umgebung, aber seine Erfahrungen haben ihn dazu gedrängt, sich mit dem Thema der persönlichen Vervollkommnung ein Leben lang auseinanderzusetzen und äußerst wertvolle Prinzipien zu entwickeln.
Es könnte nun aber der Eindruck entstehen, daß Musashi mit dem Weg zur persönlichen Vervollkommnung auch den Weg der Selbstbezogenheit lehrt.
Dem ist aber nicht so. Laut Musashi wird der ideale Nachfolger des rechten Weges »sich selbst aufrecht halten, seinen Bereich umsichtig regieren, das Volk wohl erhalten und dem Land die Ordnung bewahren« (siehe Epilog zum Buch der Erde).
Musashi sieht in der persönlichen Vervollkommnung also keinen Selbstzweck, sondern die Vorbereitung auf einen sinnvollen Dienst für die Gemeinschaft. Diese Haltung wird ja gerade durch den Krieger symbolisiert, der idealerweise jederzeit bereit ist, sein Leben für seinen Herrn und sein Volk zu opfern.
Die Manager einer jeden Gesellschaft bilden eine der wichtigsten Gruppen von Menschen, die entweder das Gemeinwohl durch ihre Aktionen in bedeutender Weise fördern oder dem Gemeinwohl schaden können. Ein Manager hat einen großen Einfluß auf das Wohlergehen seiner Mitarbei-

ter, kann mit seinen Entscheidungen die Qualität und die Art von Produkten und Dienstleistungen für weite Gesellschaftsteile beeinflussen, und seine Entscheidungen haben unter Umständen sogar volkswirtschaftliche Auswirkungen. Ein besserer Manager zu werden bedeutet somit, daß man bereit ist, sich dieser Verantwortung zu stellen. In diesem Sinne sollte man Musashis Absichten als Anleitung zur Vorbereitung auf einen hilfreichen Beitrag zum Allgemeinwohl auffassen.

In diesem Buch wurden die wichtigsten Prinzipien bewußt nur angerissen. Mit der Entscheidung, nur bestimmte Aspekte von Musashis Lehren zur besseren Betonung wichtiger Prinzipien des Chaosmanagements herauszustellen, geht die Notwendigkeit einher, andere, ebenfalls wertvolle Teile wegzulassen. Es würde sich für Sie sicherlich lohnen, das Gesamtwerk Musashis zu lesen. Es liegt an Ihnen persönlich, als dem Chaosmanager der Zukunft, die vorgestellten Prinzipien des Chaosmanagements auf allen drei Ebenen in Ihr Leben und Ihre Arbeit zu übertragen.

Ich wünsche Ihnen viel Erfolg bei diesem Unterfangen. Denn wenn Sie es schaffen, ein idealer Chaosmanager zu werden, dann werden nicht nur Sie persönlich, sondern auch Ihr Unternehmen, Ihre Mitarbeiter und letztendlich wir alle von Ihren Errungenschaften profitieren.

LITERATURVERZEICHNIS

Alexander, John B./Groller, Richard/Morris, Janet: The Warrior's Edge, New York 1992
Anderer, Tatjana: Rauschende Triumphe, in: !Forbes, Heft 2/1993
Apitz, Klaas: Konflikte, Krisen, Katastrophen, Wiesbaden 1987
Box: Europas Wirtschaftsgurus, in: Wirtschaftswoche, Heft 6/1993
Clifford, Donald K./Cananagh, Richard E.: Spitzengewinner. Strategien erfolgreicher Unternehmen, Düsseldorf 1986
Corson, Lynéa/Hadley, George/Stevens, Carl: The Secrets of Super Selling: How to Program Your Subconscious for Success, New York 1991
Covey, Stephen R.: Die sieben Wege zur Effektivität. Ein Konzept zur Meisterung Ihres beruflichen und privaten Lebens, Frankfurt 1992
Deal, Terrence E./Kennedy, Allen A.: Corporate Cultures: The Rites and Rituals of Corporate Life, Reading 1982
Deysson, Christian: Scott McNealy. Spaß am Gewinnen, in: Wirtschaftswoche, Heft 11/1993
Durand-Noll, Madeleine: Management by Joy. Neue Wege zur Unternehmenskultur, Zürich 1992
Eisenhardt, Peter/Kurth, Dan/Siehl, Horst: Du steigst nie zweimal in denselben Fluß. Die Grenzen der wissenschaftlichen Erkenntnis, Reinbek 1988
Der Erfinder bittet zur Kasse, in: !Forbes, Heft 2/1993
Fix, Dagmar: Die unheilige Ordnung, in: Capital, Heft 10/1992
Fraktale Fabrik: Kommt jetzt das Chaos in die Fabriken, Herr Professor?, in: Impulse, Heft 12/1992
Gleick, James: Chaos – Die Ordnung des Universums. Vorstoß in Grenzbereiche der modernen Physik, München 1988
Geo Wissen, Sonderheft Chaos und Kreativität, Nr. 2/90
Gerken, Gerd/Luedecke, Gunther A.: Die unsichtbare Kraft des Managers. Die Bedeutung des Inner-Managements für den äußeren Erfolg, Düsseldorf 1988
Gerken, Gerd: Management by Love, Düsseldorf 1990
Groth, Uwe/Kammel, Andreas: 13 Stolpersteine vor dem schlanken Unternehmen, in: Harvard Business manager, Heft 1/1993

Heibutzki, Henry J.: Machtbeben, in: !Forbes, Heft 2/1993
Die Hierarchie-Falle, in: Capital, Heft 10/1992
Hirschhorn, Larry/Gilmore, Thomas: Die Grenzen der flexiblen Organisation, in: Harvard Business manager, Heft 1/1993
Höhler, Gertrud: Spielregeln für Sieger, 6. Auflage, Düsseldorf 1992
Holstein, William J.: The Japanese Power Game, New York 1991
Hyams, Joe: Der Weg der leeren Hand. Zen in den Kampfkünsten, München 1991
IBM: Managersuche nach Rausschmiß, in: Wirtschaftswoche, Heft 5/1992
Ishihara, Shintaro: Wir sind die Weltmacht. Warum Japan die Zukunft gehört, Bergisch-Gladbach 1992
Kanter, Rosabeth Moss: When Giants Learn to Dance, New York 1989
Auch ein Konzern wie Thyssen will zum Mittelstand gehören, in: Impulse, Heft 12/1992
Kremer, Eduard: Produktionsfaktor Harmonie, München 1991
Lareau, William: American Samurai. A Warrior for the Coming Dark Ages of American Business, New York 1991
Maltz, Maxwell: Erfolg kommt nicht von ungefähr. Durch Psychokybernetik positiv denken und handeln, Düsseldorf 1990
Messing, Bob: The Tao of Management, New York 1992
Musashi, Miyamoto: A Book of Five Rings, New York 1974
Musashi, Miyamoto: Das Buch der fünf Ringe, Düsseldorf 1983
Musashi, Miyamoto: The Book of Five Rings, New York 1982
Ohmae, Kenichi: The Mind of the Strategist. The Art of Japanese Business, New York 1982
Pascale, Richard Tanner: Managen auf Messers Schneide. Spannungen im Betrieb kreativ nutzen, Freiburg 1991
Peat, David F.: Der Stein der Weisen. Chaos und verborgene Weltordnung, Hamburg 1992
Peters, Tom: Jenseits der Hierarchien. Liberation Management, Düsseldorf 1992
Peters, Tom: Kreatives Chaos. Die neue Management-Praxis, Hamburg 1988
Peters, Tom (Interview): Der Mittelstand ist ein Modell für die Weltwirtschaft, in: Impulse, Heft 12/1992
Pinskey, Raleigh: The Zen of Hype. An Insider's Guide to the Publicity Game, New York 1991
Pirsig, Robert M.: Zen und die Kunst, ein Motorrad zu warten, Stuttgart 1992
Radha, Reverend: Der Zen-Weg des effektiven Managers, München 1990
The Royal Bank of Canada: Of Interest to Executives, 14. Auflage Montreal 1971

Schnitzler, Lothar: Managementgurus. Mentales Aerobic, in: Wirtschaftswoche, Heft 6/1993

Walton, Mary: The Deming Management Method, New York 1986

Westermeier, Klaus: Mit Vollgas an die Planke, in: Top-Business, Heft 1/1993